战略定义

# 利润塔

## 重构企业新资本价值

Profit Pyramid

Restructure the Value System of Your Business for the Capital Markets

盈利点分布

能力圈构成

苍布子◎著

利润主线界定

中国经济出版社
CHINA ECONOMIC PUBLISHING HOUSE
·北京·

**图书在版编目（CIP）数据**

利润塔：重构企业新资本价值 / 苍布子著. -- 北京：中国经济出版社，2023.1

ISBN 978 - 7 - 5136 - 7136 - 1

Ⅰ. ①利… Ⅱ. ①苍… Ⅲ. ①中小企业 - 企业利润 - 企业管理 - 研究 Ⅳ. ① F276.3

**中国版本图书馆 CIP 数据核字（2022）第 197550 号**

策划编辑 崔姜薇
责任编辑 王骏雄
责任印制 马小宾
封面设计 任燕飞

**出版发行** 中国经济出版社
**印 刷 者** 北京力信诚印刷有限公司
**经 销 者** 各地新华书店
**开　　本** 880mm × 1230mm 1/32
**印　　张** 7.5
**字　　数** 131 千字
**版　　次** 2023 年 1 月第 1 版
**印　　次** 2023 年 1 月第 1 次
**定　　价** 68.00 元
**广告经营许可证** 京西工商广字第 8179 号

**中国经济出版社** **网址** www.economyph.com **社址** 北京市东城区安定门外大街 58 号 **邮编** 100011
本版图书如存在印装质量问题，请与本社销售中心联系调换（联系电话：010-57512564）

谨以此书，献给我的家人，感谢他们的一路陪伴与包容，他们是我生命中的力量源泉。

# 推荐序一

*Recommendation*

新时代、新形势需要新的商业逻辑，而企业家的认知思维也需跟随新时代、新形势的脚步转变升级。《利润塔——重构企业新资本价值》一书，在作者丰富创业经验的基础上，揭示了新形势下商业流变的基本规律，提供了一个战略定义、组织能力与利润增长之间的认知框架。作者立足未来资产的开发与管理，创造性地提出了重构企业新资本价值的利润塔实战体系，这对于企业在动态且复杂的环境下，构建可持续的价值创造体系，提升盈利能力大有助益。同时，本书对中小企业提升投资效率，规避创业陷阱，以及实现健康持续发展具有借鉴意义。

胡国栋<br>《海尔制》作者<br>东北财经大学工商管理学院副院长、教授<br>中国通信工业协会中国管理模式研究院院长<br>2022 年 9 月于大连

# 自 序
# *Foreword*

## 为当下自遇

“学得越多，越容易成功。”许多年青的创业者大都相信这样的言论。

其实不然。

大学毕业之后的十几年间，我太渴望成功了，曾经大量阅读了国内外包括经济、管理、市场、营销、成功学、名人传记以及各种与经营相关的理论书籍，至今家里仍有上千本的藏书。当时，我花了不少钱，参加了一系列企业经营培训课，却依然未能阻止我在创业过程中不断犯错、走弯路，甚至是一败涂地的经历。为了实践一些优秀书籍中不同的、令人激动的理论，我与我的团队也曾花费数年时间，投入上千万元，结果却不甚理想。当然，也可能是我们资质太过愚钝的缘故吧。

直到后来，我进入媒介与投资领域，看过也听过无数不同行业的项目计划，并与大量不同年龄、不同从业背景的创业者一对一地深度面谈，了解他们的认知结构、思维方式、行动逻辑与经营现状，由此判断项目可能的结果与走向。在这一过程中，有一天你会突然发现太多的人知道了太多与创业成功无关的，甚至是与之相违逆的知识点，却偏偏以此自傲并且沾沾自喜，认为这是自己的优势所在或是奔向未来的最大倚仗。正如我以前所犯的“南辕北辙”的错误一样：

他不知道方向不对，赶路的条件越好，离楚国就会越远。

由于亲历创业的苦痛，我积累了许多成功和失败的案例，明明知道、看到有人正走向挫败却无能为力的感觉也是一种折磨，于是萌生了写一本对中小企业创业者能有所帮助的书的念头，却出于各种原因迟迟没有动笔。可能是因为我的潜意识在怀疑自己能否写成这样的一本书的缘故吧。我从未有过写书的经历，的确不知道应该怎么写读者才会喜欢它。这真是一件令人纠结的事情。在这本书完稿之前，我修改了 3 次书名，最终还是回到初始的命名“利润塔”。我前后调整了 11 次目录，当然这还不算有时与朋友一起喝酒之后，晚上心血来潮地改来改去，然后第二天再改回来的插曲。尽管如此，我依然不知道读者朋友是否会认可书中的观点及其价值。

动笔的真正契机是 2020 年春节期间，因新冠肺炎疫情居家后，我看着朋友圈里丘吉尔的名言“不要浪费一场危机”，这算是给了我一个正儿八经的写书缘由了。可是，我乐观地估计了新冠肺炎疫情的结束时间，也低估了写一本拥有独创性且兼具理论性与实战性图书的难度与时间周期，从最初预计的六个月持续到了如今的两年半才算完稿。为什么呢？真实的原因是害怕。因为写着写着就发现自己有点儿神经过敏了，我总是害怕写得不好，如果误人子弟就罪过太大了。有时卡在一个地方两三个月过不去，一度产生“算了，我不写了”的泄气念头，但好在没有放弃，坚持到了最后。

在本书完稿的过程中，我得到了 Brian 博士、经济学家柯斌武先生和资本专家李毅先生对书中内容的有益建议，在出版过程中，我得到了东北财经大学培训学院副院长徐刚先生、财经作家袁啸云先生的帮助，在此致以诚挚的谢意。此外，我还要感谢金彦、黄玉流、吴勤等好友的鼓励和支持。

写这本书的目的：一是希望总结自己二十多年就职、创业和投资等历程中对于成功和失败的思考、复盘和梳理，并将其归结到“利润塔”四个必然要素的构形上，形成一个聚焦实战的全新理论体系；二是希望给创业者一个集中注意力的实用逻辑内核，在创业的路上多一些有益的思考与助力。

本书的内容没有说教之意，只是从不同角度对创业所做的观察与思考、对公司价值逻辑进行的探索等。内容有些“干”，有的地方理解起来可能有些费力，需要不断思考。所有的理论都源自本人的反思以及对世界管中窥豹的探索，难免存在个体局限性，期待各位读者对书中的内容提出指正、批评或建议。

于个人来说，我喜欢参禅。一切的自我修炼，不是为了凸显我能，而是为了在最好时间里的“当下自遇”，正如这本书的出现。当然，若我所追求的东西还没有“自遇”，则说明道之未及，故而仍需努力。真诚地希望各位读者朋友也喜欢“自遇”这样的说法。

以此为序，感谢遇见。

苍布子

2022年9月

# 目 录

*Contents*

# 启程

PART 1

# 第 1 章 新创业时代

## 1.1 商业流变

### "人不能两次踏进同一条河流"

"一切皆流，无物常驻。"这是古希腊哲学家赫拉克利特对变化的概括，他声称"人不能两次踏进同一条河流"，认为世界的一切都在运动和变化。

传统的商业逻辑，是过去的一条河流，我们现在是否还能用传统的商业逻辑思考问题？世界看上去虽没什么两样，可是已有人准备移民火星了。

过去，在信息与交通不够发达的年代，商业逻辑大体是"大鱼吃小鱼，快鱼吃慢鱼"。大品牌或大企业具有天然的竞争优势，它们可以从容布局，以大吃小；可以先发制人，凭借快速覆盖销售渠道的能力，在市场上称王称霸。

现在，移动互联网的发展使世界变成了“地球村”，商业大势已然向末端用户倾斜，出现了“蚁多咬死象”的竞争环境。不少“大而强”的企业长期累积的市场优势，正在被无数“小而美”的企业一点点地细分蚕食。再加上跨界发展的野蛮侵袭，不断打破着“井水与河水”的行业界限，让所有过去的优势都变得岌岌可危。“大鱼”主宰的时代已经过去，企业生存与发展的难度都在加大，平均的生命周期在缩短，未来变得更加不确定了。

很多时候，创业者或企业经营者还可能因为各种意外情况，被迫在中途改变经营行为。例如，2008 年的世界金融危机、2020 年初的新冠肺炎疫情等事件，猝不及防地中断了企业正常的经营进程，逼迫人们立即思考应对危机的方案。这对局部领域，甚至是全球商业格局都产生了不确定的影响。虽然，“黑天鹅”事件不会经常遇到，但毫无疑问的是，创业、经营企业的干扰因素却变得越来越多。

伴随着国际政治经济大势、新科技以及资本市场等多重动因，商业流变的速度进一步加快，经济局势的动荡在悄然间愈加剧烈。企业短期的收益与未来都面临着前所未有的考验，一切都在流变中挣扎着。

当商业流变推着我们不知不觉地远离印象中已知的世界时，我们依然停留在过去的那条河中，其后果可想而知。

## 消费行为变迁是根本动因

大部分人可能从未想过商业流变是由什么带来的。从本质上讲，信息传播技术的革新驱动大众消费行为的变迁，是商业流变的根本动因。

社会经济的富足带来中等收入群体的兴起，良好的财富基础解放了年轻人的理想与追求，在代际更迭的消费潮流下，用户行为伴随移动互联技术的发展，走向了新的远方。

新生代带动用户消费行为产生集体变迁，从过去的被动接收信息，转向主动搜寻、比对与分享。在这一过程中，互联网与自媒体爆发出的海量信息，不断影响并干扰着用户的购买注意力，用户购买结果的不确定性被迅速放大，消费的忠诚度大幅下降，导致大众市场走向新的两极分化：一方面，用户越来越关注成本比对，享受产品供给过剩带来的红利；另一方面，用户越来越注重非物质性的情境满足感，并愿意为此付出高价，其中包括颜值、调性、场景与娱乐性等影响情绪的因素。与此同时，用户对产品的品质、交付速度以及服务的满意度提出了更高的要求。

在这种市场背景下，各种夸张、离奇的促销手段层出不穷，用户被过度营销，劣币驱逐良币事件不断发生。自媒体的迅猛成长，引发社交商业化的泛滥，令越来越多的人困在金钱至上的商业氛围中。人们的消费信任被过度透支，情感变得廉价，成交变得越来越困难。新产品和新项目获取流量的成本越来越高，推广难度也越来越大，创业者的生存度正在不断下降。

可以说，这是一个幸运的时代，因为商业流变推动市场更迭将产生越来越多新的创业机会。然而，这也是一个不幸的时代，因为创业者对企业未来的掌控力变得越来越弱。

用户消费心理与购买行为的变化，让新时代的商业价值逻辑发生了巨大的迁移，倒逼所有企业通过调整或转型来适应新的市场态势，由此产生了适应性风险，这是公司价值投资不确定性的底层动因。

## 1.2 红利衰竭的下半场创业

中国经济发展进程中最好的创业时代已经过去，整个经济社会的商业运行逻辑已发生了根本性的转变。仅靠血性、本能、直觉，以及依赖传统经验的原始创业方式，已经几乎不可能取得更大的成就。

从 2001 年加入世界贸易组织开始，中国凭借经济全球化的东风，获得了近 20 年高速发展的黄金时期。

在此期间，中国的 GDP 大幅增长，从 2001 年的 1.34

万亿美元，仅占全球 GDP 的 4%，到 2021 年的 17.77 万亿美元，占全球经济总量的 18%，成为全球第二大经济体。可以说，中国是世界上享受经济全球化发展红利最大的国家。

近年来，世界经济的增长趋势明显放缓，受新冠肺炎疫情及中美贸易摩擦等因素的影响，中国的经济全球化红利进入盘整时期。

## 消失的人口红利

2021 年最新普查数据显示，我国 60 岁及以上人口有 2.64 亿人，占总人口的 18.7%，我国即将迈入中度老龄化阶段。

早在 2013 年 1 月，国家统计局公布的数据就显示，2012 年我国 15～59 岁劳动年龄人口第一次出现了绝对下降，比上年减少 345 万人。这是人口红利消失的最早信号，其直接结果就是中国 10 年来的经济减速。

人口作为经济增长的要素之一，其红利的消失，必然导致劳动力供给不足和成本上升，进而导致企业开工不足和竞争力下降。这迫使很多企业不得不迁往成本更低、劳动力供给更为充足的国家和地区。这在很大程度上导致我国诸多地方出现产业空心化的现象。

从国际经验来看，人口老龄化程度越高的国家，经济增速往往越慢，且国内投资率也会明显下降。对于中国来说，近年来老龄化趋势的加速，伴随着“未富先老”等诸多问题，将对我国未来经济和社会造成一定冲击。

## 告别政策红利

自从实行“对内改革，对外开放”政策以后，中国经济乘着历史性政策的快车，掀开了波澜壮阔的篇章。据统计，1978年中国人均GDP仅为381元，到2021年达到8.1万元，实现了难以想象的跨越。

从实行“联产承包责任制”，成立经济特区到南方谈话，再到住房改革、房地产与股市投资带动，实施“四万亿计划”的经济刺激政策、财政货币宽松政策，以及新基建等一系列重大政策持续推动中国30年来经济的快速增长。

近几年，尽管政府在大力推动双创经济的发展，不断改造、建立各种产业园，出台各种政策与激励措施，但经济增长率依旧在平稳下滑。自新冠肺炎疫情以来，中国经济增长的走势虽有反转，但从长期来看，依然不容乐观。这预示着我们已彻底告别号角高昂的政策驱动发展的红利期，进入增长相对较低的新常态。

## 破碎的流量红利

曾几何时，中国互联网的蓬勃发展推动了全民创业的热潮，大量的国内外投资机构蜂拥而上，炙手可热的互联网赛道里涌现了许多成功案例，包括如今依然占据头部地位的 BAT、TMDJ 等。

《中国互联网发展报告》统计数据显示，2018 年底，中国网民总规模为 8.29 亿，手机网民总规模达 8.17 亿，占全体网民比例的 98.6%。手机网民数量与网民总数相差无几，宣告移动互联网流量接近完全饱和，用户规模不再高速增长。2019 年，中国移动互联网月度活跃设备规模触顶为 11.4 亿，第二季度用户规模单季度内下降近 200 万。这意味着互联网用户增长的流量红利彻底消失，中国电商告别了高速增长的时代，流量竞争进入了日趋激烈的存量时期。

伴随电商用户获取成本的一路高涨，普通创业者只能望洋兴叹，而大部分投资机构也纷纷撤离了互联网赛道。

时代的列车离站，只留下一声呼啸而过的余音。

中国经济发展进程中最激昂的创业时代已然结束，整个经济社会的商业运行及价值表现都已发生了巨大转变。

红利衰竭，是在宣告一个低效时代的终结。

对于所有创业者来说，未来的路会越发艰难。艰难的不是需要你加倍努力地奋斗，而是有可能无论你怎样努力（资本角逐），也难以逃离被挤向悬崖的定数；艰难的不是需要你加倍地学习，而是有可能你学得越多（陈旧的逻辑），越容易掉入所谓“过来人”的误区……

行路难并不可怕，可怕的是思维上的孤单和无助。

## 1.3 识势、断事与用人

善识势，可以为师；善断事，可以为相；善用人，可以为帅。得其二者或可为良师，良相，良帅。三者皆善者，则有帝王潜质。

我们常说的“投资就是投人”，无非是想投中一个“王者”，谁都不希望遇到“扶不起来的阿斗”。中金公司《2022进退有度》专题报告中就以“全球经济，一个低效时代在终结”为前言开篇。文中最后总结道：人口老龄化、绿色转型、产业链重组、金融监管加强、降低贫富差距会终结全球经济的低效时代，从追求短期的效率和成本下降，到注重中长期的可持续性。这几种力量的作用虽并不同步，在不同国家也有不同的体现，但大方向是一致的。

这是全球经济发展的大势背景。

### 识势

正所谓“时势造英雄”。

每一个时代，都有脉络清晰的运行规律以及其特有的经济发展趋势。

一个创业者若无法读懂并顺应时代发展的大势所趋，是很难演绎出一部“神级大作”的。

当然，大部分的创业者也许并不需要理解太多高深难懂的经济哲学，他们只需要借助顶流机构的分析与见解，去思考、理解大势的基本走向，为公司在更高的层面上辨明方向即可。

识势，是一家公司战略定义的前提，同时也是对一个公司领路人的基本要求。“在革命中，未有革命党领错了路而革命不失败的。”创业也同样如此。

创业前期，创业者需要多花时间深入研究：进入哪一个领域，它为什么适合你？用户需求的趋势是什么？为此要提供什么样的产品与服务？

创业后期，创业者要不断反思自己对行业发展趋势的理解是否正确，公司的战略定义是否符合趋势要求，创业者及核心团队是否集体达成了战略共识，公司的商业模式是否悖逆政治、经济及资本市场的整体大势，公司业务在实际运营中是否贴合市场需求变迁的形势等。

只有正确地识别社会及经济发展的大趋势，公司才能顺势而为，做出世所瞩目的成就。那些逆势而行的公司则免不了被时代抛弃的命运。

对于所有创业者来说，识势都是一个严峻的认知考验。然而，对于专业投资人来说，“识外评内”只不过是一项日常修为。他们会顺着政治、经济、产业与资本市场等社会发展的外势，对感兴趣的项目通过关键问题交流或尽职调查的方式，识别公司发展的内势，比如公司当前的经营局势，可持续成长的态势及未来发展的可能走势等，必须先从大局上评定公司价值的含金量。

### 断事

正所谓“当断不断，反受其乱”。

一家公司的领导者如果不善于断事，必然会事必躬亲，很容易陷入无穷尽的公司事务中，从而迷失方向，陷入凭本能、经验与直觉经营的野生状态。

明事理，能决断，这是断事之道。

为提高断事能力，我们需要不断探索、辨明事物发展的规律性，洞察人性的本能及其善恶特征。理解人的认知局限性，明白所有的判断与决定都不可能是完美的，但我们最终还是要做出决断。正如《原则》所言：“不管我一生中取得了多大的成功，其主要原因都不是我知道多少事情，而是我知道在无知的情况下自己应该怎么做。”

在公司发展的过程中，领导者会不断遇到需要在无知的情况下做出决策的状况，为降低决策的盲目性，领导者需要提升“三断”的能力。

1. 断是非

（1）战略符合的是与非：以公司的战略定义为中心，对公司的重要事项做出“是”与“非”的判断，保持方向的一致性，避免公司产生“经营分裂症”。

（2）人事背后的是与非：通过“对事不对人”与“对人不对事”的双线错开，发现问题的本质，加强对公司重要岗位的人事管控，避免官僚主义滋生对组织的负面影响。

2. 断大小

围绕“业务支撑战略”的判断标准，公司决策层可通过两个“凡是”抓大放小。

（1）凡是能够对目标用户产生影响的事，都是大事。

（2）凡是对公司战略产生影响的事，都是大事。

3. 断生死

在公司发展的关键节点，公司领导者应站在全局视角做出决断。

（1）断走向：判断事情的走势，尽可能保持战略的稳定性，避免公司陷入动荡中。

（2）断转向：公司若要进行战略转型，则必须有来自市场一线的数据验证，不可随意凭直觉、拍脑袋决定。

## 用人

正所谓“知人善用，此乃王道”。

知是用的前提，创业者对于人性中所包含的共性、个性与特性的认知程度，往往决定其用人的水平。

一家公司的成就大小，与用人水平有直接的关系。不同的公司采用的用人方式会有很大的不同。

公司属于营利性组织，而人是实现盈利目标的载体，载体的好坏由公司用人的环境决定，归根结底，创始人是起因，也决定了结果。

所有公司的终极命题就好比组建一支职业化球队去踢世界杯比赛。只不过，许多公司都奔跑在业余的赛场上。我们不能指望业余球队能和职业球队对抗，这是基本常识。要组建职业队伍，识人、用人与留人是三大常规命题。要解这三大命题，需要从组织架构、个体能力以及个体的组织效用三个方面分析公司的用人场景。

### 1. 组织架构

公司的组织架构基本由三个层面组成：战略层、部门层与执行层。在不同层面上，对人的能力要求会有本质上的不同，比如战略层要求人的识势与“断是非”能力要突出；部门层至少需具备“断大小”的能力，这些都属于基础共性的部分。但是，由于不同公司的业务属性不一样，因而在同样层面上对人的具体能力要求又会有所差异。

中小企业由于公司人数少，其组织架构可能不会涉及完整的三个层面，但其功能层还是存在的，只不过由创始人团队一肩挑罢了。

2. 个体能力

职场人士的个体能力大体可分为三类：统筹型、专项型与助理型。

统筹型人士适合带领团队，定目标、拿结果。相对来说，这类人更容易进入战略层成为高管。

专项型人士大都专注于某一领域，在该领域有一定的天赋及专业能力，适合把一件事做到极致，容易成为某一方面的专家。如果有一定的统筹能力则会是很好的部门层领导，并有潜力成为综合型的高管，甚至是总经理人选。

助理型人士往往适合沟通协调等辅助性的工作，有利于解决人与人以及人与事之间出现的障碍性问题，提高组织效能，可向公司的董秘、总经理助理及部门层等方向培养。

3. 个体的组织效用

一个组织的能力是否强大，个体效用是非常关键的因素。如果没有潜力良好的第二梯队后备人才，组织就会随时间的推移走向没落。

对于个体效用潜力，可用两项简单的硬指标衡量：意愿度与学习力，如图 1-1 所示。这两项指标的交叉覆盖形成四个象限，不同象限代表了个体对组织长期效用的价值属性。鹰型员工显然是所有组织争抢的对象，我们通常所说的明星员工，几乎都来自鹰型；刺猬型员工则是公司长期发展的中坚力量；狐型员工的适用性要看企业文化及领导人的驾驭能力；猪型员工就不必多说了。

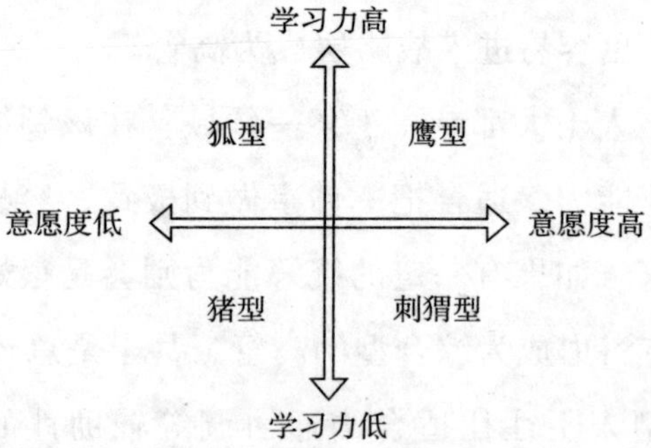


**图 1-1 个体效用潜力指标示意**

一个人学习力的高低决定了个体能力成长的速度及其未来对组织的效用价值。意愿度高低则决定了员工是否愿意把个人能力全身心地投入公司的创业行为中，决定了员工对公司的长期贡献价值。从效用意义上说，意愿度的重要性强于学习力。

中小企业招揽鹰型员工是很难实现的，比较务实的做法是吸引刺猬型人才，形成务实肯干的组织文化特征，这是组织生存的第一要务。很少有像华为一样的公司，在起步阶段就有能力以高薪大量吸纳国内名校的鹰型毕业生进行培养，凝聚起敢打肯拼的团队精神，并在公司发展的关键阶段重构独特有力的用人文化，创造了中国企业的奇迹。

较为流行的用人原则是适才适岗，即把合适的人用在合适的岗位上。不同的创业者由于职业经历、个人成就、经营水平，以及对用人的认知与理解能力不同，要达到适才适岗的理想用人状态，至少需要 10 年以上的历练。当然，我们也可以通过学习不同的企业案例、书籍以及历史人物的理论和经验来提高识人用人之道。

## 创业初期如何用人？

先团伙，后团队。

通常“团伙”这个词带有贬义，这里可以把它当作中性词看待。

团伙是指由紧密的个人关系形成了不问是非的共同价值观，甚至是盲目协同的行动一致性。团伙关系中的领头人，通常就是群体的意见领袖。在团伙场景下的用人，首先以情动人，然后以饼诱人，号召大家为共同的未来而奋斗。达到“凡是敌人反对的，我们就要拥护；凡是敌人拥护的，我们就要反对”的共情效果，凝聚人心，推动公司的快速成长。

团伙式发展一般适合创业早期，团队则需要“狼性精神”。该模式可激发团队成员强大的战斗力，全公司更容易取得阶段性成功。比如早期的阿里巴巴，“十八罗汉”共同创业，就是典型的团伙式发展的代表。

当公司度过了团伙式发展的“草莽”时期，就要提高公司的专业化与职业化程度，开始进入团队式发展阶段。

在新的创业时代，团队发展的标志性特征是实施股权激励机制。通过股权激励机制的设计与执行，吸引、锁定优秀的鹰型人才及刺猬型人才，打造职业化的管理体系，奠定公司可持续成长的根基，进而为公司的资本化进程铺平道路。

当然，不管公司处于哪一个发展阶段，对于创业者来说“如何用人”是伴随公司终身的一项修为。

## 1.4 四字简律

创业者要了解企业发展的基本规律。一般来讲，中小企业在发展壮大的进程中，大都会历行四字简律——乱、收、精、细。

## “乱”字启始

首先，乱是必然的启始。

在初创期，百废待举，公司的产品或业务还没有完全定型，不管是员工还是合伙人，都没有真正进入适合公司发展的角色定义中，团队成员在新的组织中的职能匹配性还有待验证。这是一家公司最不确定的动荡时期，因而乱是必然的。

治乱的要诀在于“形散而神不散”。

公司的创始人要在“乱”的进程中，做到“抓大放小”（识势、断事），即主抓影响公司生存及发展的重要事件，把相对较小的事项交给合适的团队成员处理，在推动公司业绩向上走的过程中，逐渐找到准确的市场方向与定位，摸清团队核心成员的优势与劣势，进而思考应如何发挥每个人的优势，取得阶段性的成功。

## “收”的能力

当业务基本定型之后，公司就应该收拢力量，培育后备人才梯队，在既定的方向上展开突破，走向成长期。成长期的发展速度越快，公司越处于不可避免的“乱”的状态。此时，创始人的主要精力要收到业务主线上，进行流程梳理，建立高效的工作流程，顺着事情的重要次序进行局部规范化，逐步建立有效的业绩管理与激励机制，开始形成公司独有的组织文化。

## 做“精”组织

走过成长期后，许多公司的业绩会进入一个相对稳定的时期。在此期间，各部门的工作有序开展，公司基本上“收”住了“乱”的局面。但大多数公司团队的能力圈边界却逐渐显现，管理上的内耗逐渐增多。这时候，如果没有“精进”的组织文化与强有力的领导力推动，许多公司会在一条平行线上发展，最后平庸而死。

一般来说，成长期之后的稳定期是公司进行组织变革的黄金时期。那些懂得在黄金时期实施“精兵强将”策略的公司在爆发出惊人的发展潜力后，将迈向扩张期。所谓的“精兵强将”策略，就是着重建设强大的人力资源体系，从外部引进高层管理“强将”，从内部推动“精兵”人才梯队培养计划，打造公司的企业文化与价值观体系，以及与公司战略相匹配的组织管理体系，确保公司当前的发展势头，同时防止在下一个快速发展时期出现高层管理者能力跟不上的情况。

## 做“细”的职业化精神

在不同的发展时期，公司的“细”做主要体现在三个层面：

一是在成长期，能有效支撑公司业绩增长的工作流程与行为规范，必须要“细”到位。

二是在公司准备进入扩张期之前，关键局部及最小标准化经营单元的范本要做“细”，要达到可规模化复制的模块化水平。这将决定公司在扩张期加速发展时能走多远。

三是公司业务进入成熟期之后，需要通过全面做“细”提升管理效能，降低成本，保持可持续的经营利润。

在做“细”的过程中，不同的公司会根据自身的业务特点，采用 KPI/OKR 等不同的绩效管理机制，引进职业经理人，推动公司不同部门的职业化管理进程。特别需要注意的是，公司的企业文化与价值观既是公司职业化精神的支柱，也是防止公司官僚主义行为产生的核心武器。公司有效的价值观体系可确保合适的人在合适的岗位上，为这台管理机器的运转输送高效的能量；否则，职业化只会带来更高的成本、僵化与内耗。

以上四字简律，虽有助于创业者认识公司基本的发展观，但对于绝大多数中小企业的创业者来说，更为重要的是，找到一个简单、可参照的运行体系，可以迅速把握其核心要旨，并将其用于指导经营行为，提升企业的可持续发展能力。利润塔的实战理论体系就是为顺应这样一个基本命题而产生的。

# 利润塔体系

PART 2

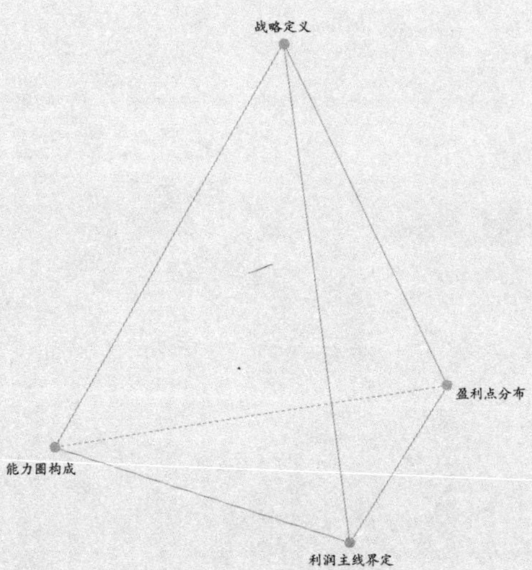

# 第 2 章　利润塔理论

## 2.1　公司的未来资产

从资本维度来看，未来资产存在的前提是公司未来在资本市场上有想象空间。它可以是独立上市的想象空间，也可以是上市公司及其旗下子公司，或是拟上市公司并购计划中的一块拼图构成。

### 现有资产

从传统视角来看，按会计准则定义，一家公司的资产通常是现在式，是指公司所有能以货币计量的经济资源，包括各种财产、债权和其他权利。公司资产按照其流动性，可分为流动资产和非流动资产。

从资产的形态来看，公司资产包括有形资产与无形资产两类。有形资产是指有实物形态的货币性资产，无形资产则是指没有实物形态的可辨认非货币性资产，包括专利权、商标权、著作权、土地使用权、非专利技术等。

## 未来资产

未来资产是什么？顾名思义，它是指公司未来可能存在的资产，这里隐含一种风险假设，就是未来也可能是不存在的。从某种意义上讲，未来资产也是一种信心资产。由此，抛开静态的会计准则，从动态发展的新资本理念来看，公司资产的全部构成应当包括现有资产与未来资产。如图 2–1 所示。

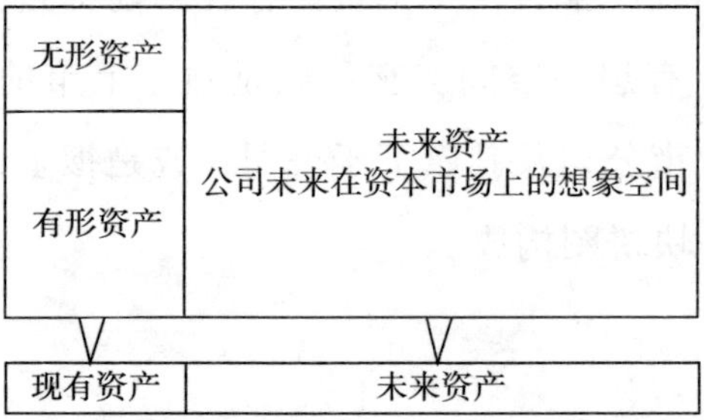


**图 2–1 公司资产新理念**

那些对公司未来前景看好的人，可能会以高价购买股权的方式投资公司，从而让公司的有形资产增加，可未来资产却无法以会计准则进行事先估量。我们可以把未来资产看作零成本收入，不过在达成交易条件之前，它既不属于流动资产，也不属于非流动资产，无法反映在会计科目的账册上。也就是说，在交易完成之前，它是虚拟存在的一种可能性资产，也可以比喻成隐形存在的金矿，在未被发现之前，其价值无可估量。

于是，我们面前摆放着两种看似矛盾的情况：一种情况是，大多数公司的价值构成不具备股权投资市场的交易属性，其股权无法成为会计准则计量以外的增值性货币资产，这时的未来资产就是虚设的存在，并不具备货币价值属性；另一种情况则集中表现在投行的股权投资事件中，在价值交易的场景下，许多公司的股权可轻易地高溢价转换为货币资产，呈现出明显的商品属性，只是定价的标准各有千秋。

当然，由投行主导的股权投资行为，最终的交易指向一定是二级市场（股市）。在这一过程中，股权购买者通过项目公司 IPO 或被并购的方式实现退出，否则股权交易的行为一定是不可持续的。

## 未来资产的属性特征

未来资产从本质上看，可以算是公司的股权价值资产。它以货币计量的价格走向，会跟随着投资人对项目蓝图可能实现的信心强弱波动。

因此，未来资产有着明显的资本属性，它具备以下三个基本特征。

1. 信心是未来资产的硬核

让投资人对项目的未来产生信心，是未来资产的必然要素。表达项目“从过去，见证未来”的成长逻辑，是需要以公司发展规律为基础，站在投资人的视角进行审验，而不是天马行空式地自我陶醉。

2. 价值支点，是判断未来资产的关键

投资人信心产生的关键，在于项目的核心价值是否可以支撑投资的必然诉求。这些诉求本质上是审验公司如何实现未来，也可能与项目无关，因为投资有可能在项目以外获取更大的价值回报。当这种价值回报的想象空间足够大，大到投资人可以忽略眼前存在的风险，或是可承受颗粒无收的最坏结果时，投资决策就产生了。然而，从传统价值投资的观点来看，回归项目投资的本质，投资人必须根据项目未来可预见的某种经济价值做出合理判断，否则项目就不值得投资，因为风险不可控。

不管怎样，以上两种价值判断有着完全不一样的决策逻辑，但归根结底，价值支点是唯一不变的中心要素。无论这个支点支撑的是项目本身的价值还是潜在价值，考验的都是投资人的投资理念，最终我们可能无法断判哪一种风险更大。事实也大抵如此。

3. 拥有利润塔的价值逻辑特征

利润塔是衡量未来资产的重要依据，它决定未来资产的含金量并吸引投资人给出高估值。在这一点上，读者朋友可能需要仔细读完本书并认真思考后，才会理解并建立起特征印象。

## 未来资产的确定性与不确定性

若从资产清算的审计角度来看，未来资产与现有资产一样，都有其客观存在的确定性。这种确定性不仅限于专业的股权投资市场，我们甚至可用新增会计科目来展现未来资产的数值：正值、零或负值。

对于未来资产数值的评判标准，可参照投行对公司价值的评估方式，给出相对公允的估值。这个估值会受一系列因素的影响，包括企业未来的商业潜在空间、现有规模、行业地位、利润与营收现状、综合管理能力、股权投资交易事件、赛道热度、评估机构的影响力，以及买方的意愿度等。与此同时，未来资产的存在还会随时间、空间、科技进步、社会观念、消费需求、资本市场，以及经济发展环境的变化而变化。未来资产拥有一系列极为复杂的变量，我们很难用通行准则计量。

由于影响企业未来发展的变量太多，而且大都具有不确定性，导致未来资产以一种难以稳定预知的不规则形态存在。这些不确定性如何在会计账册中呈现，是一个极大的难题。

因此，我们将未来资产的存在方式局限于股权投资交易市场中，试图从机构投资的专业化视角出发，以个案交易来体现股权价值的商品属性，从而实现简单定义。当然，这也只是一种对价值概念表达的探索，还需在投资实践中进一步完善。

## 2.2 利润塔是什么

利润塔是打造公司未来资产的利器，帮助创业者告别低效创业，重构公司的资本价值。

### 无解的对望

一家处于成长期的公司是否具有价值，不仅看它当前的规模有多大，或者利润有多少，还需要判定它的未来资产的成色究竟如何，与公司的成长基因是否匹配。

在前文中，我们说到未来资产的存在前提是公司未来在资本市场上有想象空间。同时，我们也知道，未来资产需要具备交易价值，需要投资人对创业团队实现这个想象空间抱有足够强的信心。那么，这种信心从何而来？

通常来自风险投资人（据业内机构统计测算，平均亏损 1500 万美元才能培养出一位相对合格的风险投资人）通过实践积累出的专业判断。那么，问题就来了，对于绝大部分中小企业的创业者来说，由于他们的认知和价值判断能力相对薄弱，让他们以风险投资人的视角审视项目，两者之间就像是隔着阴阳在对望，如果不穿越，基本上可以说相见无望，就算见了也不会有什么希望。

我们要如何解决这种无奈的对望？

## 利润塔的目标

如果一家公司原生的价值逻辑无法与资本市场的价值取向相吻合，那么该公司在通过资本力量加速商业发展的过程中，可能就会遭遇波折与多重困难。

利润塔的目标是为公司构建可持续的价值创造体系，通过以终为始的资本价值思考，重构公司的价值运行体系，让优秀的企业得以借助资本的力量，实现价值的规模化放大与发展加速，为社会经济发展做出更大的贡献。不管外部环境怎么演变，利润塔致力于穿透公司价值运行的底层逻辑，以塔式构算的创新理念，为公司提供价值创造的思维构型以及提高获利效率的策略体系，探索可持续成长的基因构筑方法。

利润塔包含四个必然要素组合，如图 2-2 所示。

- 战略定义
- 能力圈构成
- 利润主线界定
- 盈利点分布

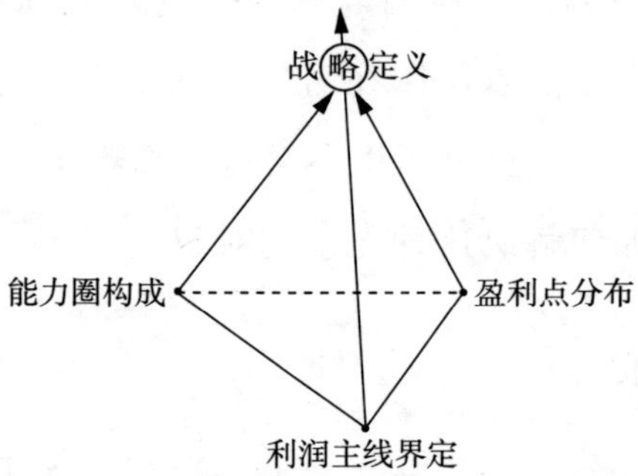


**图 2-2　利润塔构型**

# 第 3 章 战略定义

## 3.1 惊人的渗透率

在新的创业时代，机构投资已向各行业全面渗透，成为中国企业取得资本市场通行证的主导推动力量。创业者再也无法像过去一样，通过一己之力或是公司长时间的利润积累，推动公司实现巨大的商业成就。没有资本力量的加持，再伟大的梦想者，也要止步于资金不对称的残酷现实。

### 全面渗透

投中研究院发布的 2021 年度 IPO 报告显示，中国企业共计有 613 家在 A 股、港股以及美股成功 IPO，募资总额 8681 亿元。其中，具有 VC/PE 背景的上市中企共 421 家，VC/PE 机构 IPO 渗透率为 68.68%。国内科创版的渗透率高达 85.8%，深交所主板的渗透率为 70.59%。这意味着 VC/PE 已经成为中国企业取得资本市场通行证的主导推动力量。

作为全球风险资本兴起最早的国家，美国自 1974 年以来，42% 的上市公司是由风险投资支持的。我们耳熟能详的美国公司，例如英特尔、苹果、脸书、谷歌、亚马逊、推特等都是在风险投资的一路支持下发展起来的。

### 残酷的现实

在全球范围内，风险投资对创业公司的巨大影响力毋庸置疑，给予被投资的公司一定的资金优势，进而为其带来技术、人才、市场等一系列资源，极大提升了创业公司的成功概率，同时也大大缩短了公司上市融资的时间。

在新的创业时代，机构投资已经向各行业全面渗透，成为中国企业取得资本市场通行证的主导推动力量。特别是在新经济产业，由于技术变化周期短，如果没有资本力量的加持，公司很容易在一两年内走向衰亡。

## 3.2 新经济趋势下的价值链重构

互联网发展催生的新经济浪潮已成不可遏制的时代主旋律，技术驱动新经济发展的澎湃动力一往无前，全球各国都在倾力创新发展之中。

## 世界秩序重构

每一个时代，都有它明显的时代特征。

新冠肺炎疫情开启了一个新的时代，它的典型特征是“动荡”。

动荡，是秩序重构的另一种表达。

在世界秩序重构的过程中，以中美两国为首的政治与经济的博弈，将从根本上促使商业环境发生巨大转变。从目前的形势来看，这种转变带来的动荡可能将持续相当长的一段时间。

美国凯雷投资集团联合首席执行官 Kewsong Lee 曾说：“我一直在关注中美双边关系长期恶化的可能性。如果两个经济和政治体系之间的结构性差异无法随着时间的推移而弥合，那么随之而来的升级可能会导致中美两国之间的投资和资金流动受到限制。对资本市场准入、跨境投资和资产所有权等方面的人为限制，可能会减缓经济增长，并导致重大流动性问题的出现，产生不可预测的市场后果。”

## 全球供应链格局的演变

中国不仅是全球最大的出口国，也是全球供应链门类最全的制造国，中国与世界经济息息相关。供应链作为产业链的上游，是产业发展的基石，如果失去供应链的支持，对应的产业将会走向“无米之炊”的境地。反过来，如果供应链受物流及国际原材料供给等相关环节的限制，那么也将遭受重创。

2020 年上半年，新冠肺炎疫情在中国暴发，导致中国端的部分供应链突然中断。到了下半年，中国政府成功控制住了疫情，我国的供应链对外贸易出现爆发式增长。

许多国家与企业看到了自己供应链的短板与不安全因素，为确保供应链的第二渠道或是多元化来源，不少国家将会着手建立自己的供应链体系，并对供应链施加市场以外的影响，逐渐将部分供应链迁往其自认为可控的地方，以避免单一渠道的不确定风险。

在疫情结束后的几年，全球供应链的多样化与区域化迁移将会成为一种趋势。供应链格局的调整势必会给相关产业的上、下游带来持续的震荡。

## 价值链重构的背后

作为世界第二大经济体，中国现有的经济体量已超过美国的 3/4。人口红利的消减，使中国不可能依靠劳动密集型的低端供应链长期稳定地发展，我国需要从产业食物链的底端向上而行。

2015 年，国务院出台的《中国制造 2025》表明了中国计划走高端制造向高科技领域挺进的强国线路。

高科技与高端制造属于全球产业价值链的顶端，关乎国家未来的战略竞争力。美国根本不希望看到中国在高端领域发展，将中国视为“战略竞争对手”，随后发起贸易战，并从政治、军事、科技等多方面对中国进行掣肘，甚至试图发起新“冷战”，至今未有停歇的迹象。这势必会给全球政治、经济等各领域带来越来越深远的影响。

宏观层面的经济动荡，必然波及微观层面上各领域的创业者。

## 全球产业发展的新经济时代

CB Insights 数据显示，2016—2021 年，全球独角兽企业从 169 家提升至 771 家，总估值从 0.6 万亿美元增长至 2.4 万亿美元，并主要分布在金融科技、互联网软件与服务、电子商务、人工智能和医疗健康行业。其中，美国企业占 54%，中国企业占 22%。

全球独角兽企业的快速发展，代表了全球风险投资对未来经济趋势的价值判断，也代表了各国政策支持的方向以及全球科技创新投入的重心所在。

由此，我们可以看到，以互联网为依托的新经济，包括以高新技术为基础的具有时代特征的新兴产业，正引领全球产业经济快速升级发展。

新经济趋势将给传统行业带来极大的机遇与挑战，尤其是在如何吸收、融合数字技术等方面，传统行业还有很长的一段路要走。

## 3.3 如何进行战略定义

战略不是凭空而生的，它与我们的感受息息相关。

很多时候，人们看到、听到或想到的关于企业未来发展前景的信息，就有可能进入潜意识，在不知不觉间影响人们对公司战略方向的判断与选择。这种主观性的战略会随着当前经济形势的变化而变化，也会随着人们心态和眼界的变化而变化。所有这些从本质上说都算是一种伪战略。中小企业普遍缺失真正的战略思维，因而难以长久地生存下去。

真正的战略眼光，需要发现抗周期的经济发展规律，拥有大企业家的远见，要穿透10年，甚至二三十年都不变的东西，并以此作为基点，思考公司未来的战略发展大计。

不思考真正的战略问题，先上路再找方向的创业方法，在过去的增量时代里或许可行，但在现今却很难成功。

## 未来决定现在

不思考未来，何谈战略。

战略定义是对公司未来1年、3年、5年的愿景描绘，明确公司对未来核心竞争力的定义是什么。是产品、技术、团队、客户，还是其他具有先进性的优势力量？

在过去野蛮生长的时代，无须考虑战略，先上快干才是硬道理。然而，当经济红利耗尽之后，这种急于求成的发展调性，就会成为公司发展的最大陷阱。尤其在当前社会经济正在向高质量发展转型之际，战略清晰要比单纯的战术勤奋重要得多。

## 快与慢

有关战略其实还有一种论调，即说慢其实就是快。

这与公司所处的行业、发展阶段，以及组织文化有关，更与公司的能力圈呈正相关。

有的公司所处的赛道需要快，你慢了，死亡的概率就会成倍地增加，由于产业惯性形成的成长窗口期可能只有短短的9~12个月，你想慢都不行。

可对于身处传统行业而需要转型的公司，求快不一定好。

传统公司通常处在一个成熟的产业链之中，想要改变长时间积累下来的产业传统习惯，肯定不是在短时间内能够实现的。传统公司必须看清未来的趋势，顺着大势布局，方有成事的可能。

对于处在战略转折期的公司，快也不一定是最好的选项，反而需要仔细观察、琢磨与测验，探明正确的战略方向后，再在战术上实行快的策略，否则盲目求快或者求慢，后果都是致命的。

作为公司的领导人，一定要先看清行业未来大势，从过去的经验中复盘，推演未来的可能方式，看得足够远，再回到当下，盘点自己的能力范围，找到行动的起点，沿着既定的战略方向一往无前地走下去，而不是一味地求快或是求慢。

## 中小企业要不要战略

但凡能称为规律的东西，一定是可以全面去除辨识性的个体因素，不纠缠于个性化案例，不犯经验主义的错误，就如同重力定律不可被证伪一样。若是经验性言论，几乎都可以被证伪，这是人们在学习过程中需要注意的地方。

创业者要保留怀疑精神，不要全盘接受所谓专家的观点，应保持独立思考的习惯，结合企业的实际状况确定公司的战略定义。对于“利润塔”的理论与观点，创业者也应保持怀疑与批判的精神去阅读或是应用。

总之，无论你的战略源头来自哪里，哪怕是虚无飘渺的空想也未尝不可，重要的是明确市场需求是否真实存在，产业的方向在哪里，公司有没有足够的能力圈与资源可以匹配，公司的力量是不是聚焦在正确的地方，支持你走下去的“弹药”储备充足不充足。

否则，无法延续的战略不能被称为战略。

## 3.4 赌性坚强

“赌性坚强”里的“赌”，赌的是心力。人们要集中心力辨别未来的趋势与产业方向，一旦战略决断形成了，就应该不惜代价坚定地走下去。不管怎样的艰险，都无法阻挡那颗“一赌到底”的坚强内心。

### 我要 All in

“All in”通常是一种扑克游戏的术语，意为全部押进。

“All in”一词曾经很火，不少互联网创业者为表现自己的血性以及必胜的信念，频频以 All in 宣誓决心。除此之外，还出现过不少诸如“不能 All in 的人千万不要去创业”之类的说法。

2021 年 2 月，小米集团在港交所发布造车公告。雷军表示，要押上人生全部的声誉为小米汽车而战，他的这番话在当时引起了广泛关注。

从某种意义上说，"All in"一词是为战略而生的。

创业者如果不是看清了未来的发展趋势，并有把握赢得未来，谁又会真正 All in 呢？且不说那些激进、盲目或口号式的 All in，大多数中小企业从一开始就别无选择地 All in 在某个创意或产品上，这是一种创业本能。

经研究，我们发现国内外知名的商业赢家，基本上都是 All in 的高手。例如，亚马逊 All in 线上售书，华为 All in 交换机，马化腾 All in QQ，王兴 All in 团购，瑞幸 All in 咖啡等。还有战略转型后的 All in，如巴菲特 All in 价值投资，新浪 All in 微博，万科 All in 住宅等。

那么，我们应该在什么时候 All in 什么呢？

## 赌性坚强

赌桌上的 All in 与创业中的 All in，两者有本质上的区别。

赌桌上的 All in 赌的是概率与运气。

创业中的 All in，赌的是未来，赌的是如何在确定性判断的前提下，集中所有的力量，快速取得决定性竞争优势，这考验的是战略性眼光。

有一则趣事称，某位著名企业家的办公室里挂着四个字：赌性坚强。这位企业家说："光拼是不够的，那是体力活，赌才是脑力活。"

印象中，放眼全球，很少听说有把“赌”字堂而皇之地挂在办公室里的企业家。

宁德时代的赌性是真的坚强，从 2011 年成立到 2018 年上市，当天市值为 786 亿元，之后仅仅不到 3 年的时间，其公司市值就超过万亿元，排名 A 股市值前五位，创造了中国上市公司市值成长的新历史。

## 风险在哪里

传统的认知里，凡赌皆有风险。

在明确公司的战略方向以后，领导人就要考虑是否 All in 的问题。此时，风险这个因素就会自动跳出来，考验你的赌性是否够坚强。如果你已经充分思考完毕，那么像雷军造车一样赌定开局，或者像宁德时代一样赌性坚强，一路开挂。

高手会在自己的能力圈内下注，赌的是理性思考与决断能力，而一般人则凭直觉和运气行动。

当然，总有人会赌赢方向，也总有人赌输了未来。在尘埃落定之前，所有人都在兴冲冲地向前奔跑着。据统计，国内中小企业的平均寿命仅 2.9 年，90% 以上的中小企业在成立 5 年后会发现自己赌输了。

只不过，世上的事大都别无选择，人们只能选择究竟要踏上哪一条路，而创业从来都是凶多吉少的那一条路。

# 第 4 章 能力圈构成

## 4.1 边界

每个人都有自己的能力边界。

在没有导航的情况下，开车走一条自己熟悉的路，就是在自己的能力边界内做事；而选择走一条陌生的路，就有可能超出了自己的能力边界。虽然开车在能力边界内，但对于路的熟悉度却超出了边界，导致未来的不确定性变大，创业的不可预见性也随之变大。聪明的投资机构基本上不会投自己陌生的领域，同时也会要求创业者对自己所从事的行业要有足够的从业经验以及足够深度的理解，否则投资失败的概率就会大幅上升。

2020 年，名列《财富》全球最受赞赏公司榜单第五位的伯克希尔·哈撒韦公司，其创始人沃伦·巴菲特与查理·芒格一致推崇“能力圈”理念，并把它归结为公司成功的核心理念之一。巴菲特谈到，对你的能力圈来说，最重要的不是它的大小，而是如何确定它的边界所在。如果你清楚了能力圈的边界所在，你将比那些能力圈虽然比你大 5 倍却不知道边界所在的人要富有得多。查理·芒格认为，了解自己的能力边界，在边界内做事，就能比别人更有优势。如果你不清楚自己在做的事情是否在自己的能力范围内，那么你已经出界了。两位创始人一致认为，伯克希尔·哈撒韦公司积累了数千亿美元的财富，其中大部分是由 10 个最好的机会带来的。巴菲特说，如果资本市场的主板中有几千家上市公司，你的能力圈只涵盖其中的 30 家，那么只要你清楚是哪 30 家就可以了。换言之，人应专注于“把手上的牌打好”，而不是寄希望于获得能力圈之外的运气。

虽然，投资与创业在行为属性上有所不同，但其底层逻辑却是相通的。两者的区别在于：投资行为的能力圈强调的是当前的确定性逻辑，即对目标公司的投资价值做出预见性判断的思维能力，这种能力来自系统性的理论思考以及对投资成败经验的总结；而创业行为的能力圈的重点则在于立足当下面向未来的可扩展能力。公司只有基于当下的能力圈，面向未来构建可持续成长的价值创造能力，吸引更优秀的团队成员共同成长，才能实现最初所设计的商业蓝图。

### 战略定义与能力圈

在利润塔的四个必然要素中，能力圈构成是重中之重。

战略定义必须依存于公司的能力圈构成，若战略定义与能力圈分离，公司就没有足够的能力支撑战略目标的实现，容易陷入停滞状态，难以进一步发展壮大，或是迷失方向，陷入经营分裂之中。

战略定义处在利润塔的塔尖位置，指明了公司发展的方向及愿景。公司的战略定义要以当前的能力圈构成为起点，并对能力圈的未来成长提出方向性的要求，否则战略定义就成了空中楼阁，脱离了实际。

## 4.2 能力圈构成

对于能力圈的释义有多种，在这里我们基于利润塔的理论体系，尝试赋予其一个可定性的主体力量组成定义。总的来说，一个公司的能力圈大小由创始人及每一位团队成员的个人能力与组织效能所决定，它的边界由认知、设计、参与者、行动力和资源等五大力量组成，如图 4-1 所示。

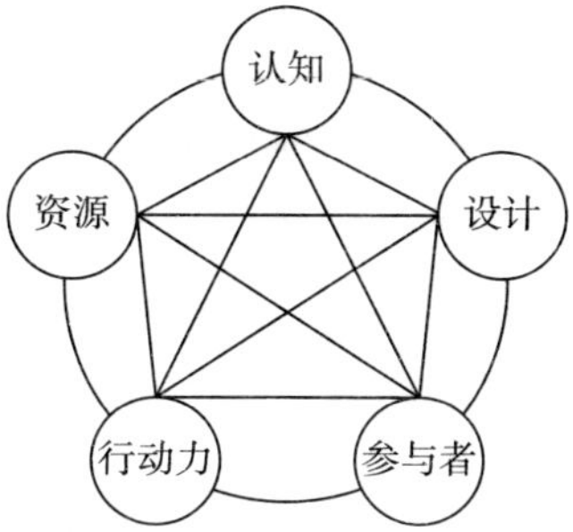


**图 4–1　能力圈构成**

## 认知力量，决定成就高度的边界

公司创始人的认知，决定了一家公司成就的天花板。

认知是一个无限宽泛的概念。每个人穷尽一生所学，对整个世界的认识也不过是沧海一粟。在创业的过程中，并不是知道得越多，学历水平越高，创业成功的概率就越大。如果人们的认知与创业的规律不相符，那么知道得多，对创业成功反而是一种障碍。

正确的认知是创业成功的前提，这需要创业者在学习的过程中，不断思考、甄别并吸收真正有用的知识，将其应用到自己的创业行动中，而不是全盘接收别人的观点。俗话说："人赚不到认知以外的钱。"这里的认知，也应当是指正确有效的专业认知，而不是泛泛而谈的知识。

创业者的正确认知需要聚焦在两个方面：一方面，行业专家型认知，对自己所在的行业有深度的理解，对行业现状与趋势走向了如指掌，清楚自己当前的处境和发展能力的边界所在；另一方面，对经营系统的实战及理论体系的认知，即对不同发展阶段的创业公司如何获取成功及如何避免失败有系统性的专业认知，而非碎片化的点状认知，绝大部分创业者都败在了这一方面的无知上。人无须把时间花费在非必要的认知上，而是需要有选择地不断巩固和扩大自己的能力圈。

在本书中，我们专注于构建后一个方面的认知，以“利润塔”实践系统理论，帮助创业者建立起属于自己的熟悉路径，避免把车子开到陌生的那条路上，从而提高创业的成功率。

## 设计力量，决定价值潜力的边界

公司如何规划自己的未来？如何设计自己的运行体系去实现未来？

每个人都是自己的建筑师。创业者就是公司的建筑师，“万丈高楼平地起”，在相同的基础条件下，设计能力决定公司价值潜力的大小。

公司能力圈构成中的设计力量，必须以“企业价值规律”为中心，以“商业价值”与“资本价值”为两个基本点，涵盖公司架构、顶层设计、底层设计、商业模式与盈利模式设计，以及公司治理结构设计等，根据经营实战及系统性理论认知，设计公司未来价值的线性成长空间。

商业价值需要面向产业的未来，立足公司内外的价值链运行环节进行设计。对内，业务能力为价值创造的前提，涉及公司的产品、战略、服务、营业收入、利润（净利润与毛利润），以及现金流管理等内在价值链环节；对外，需要洞悉产业的未来趋势，梳理产业链上、下游的价值核心环节，以公司内在的价值创造能力为前提，设计高价值成长空间的可能性。

商业价值与资本价值是一个前后承递的联动关系。如果商业价值不成立，资本价值就会成为无源之水，不可持续。许多项目公司过分强调以资本价值为先的经营行为，这必定会产生价值迷失现象，比如估值倒挂、上市公司破发事件的产生。

所以，设计能力必须遵循公司价值创造的商业底层逻辑，特别是在当前的新资本趋势下，这一点显得尤为重要。

### 参与者力量，决定组织管理能力的边界

一家项目公司的参与者包括同行者、资源链接者、资本方，以及利益相关者等。他们可分为紧密型参与者和非紧密型参与者。一个公司的价值创造活动主要依赖紧密型

参与者。所有参与者的构成质量及参与积极度，在某种意义上对公司未来有正相关的推动价值，可以为公司带来更多的机会和更好的气运。

紧密型参与者主要是同行者，包括创始人、股东、合伙人等公司的创始团队，以及部分直接利益相关者。

非紧密型参与者则包括：

资源链接者：链接政府及政策性资源、战略性资源、资本资源、产业资源、销售渠道资源，以及公司发展所需要的关键资源等。

资本方：创始合伙股东、财务投资者、FA（财务顾问）、股权投资机构（VC、PE、CVC及DVC等）、债权融资方、与资本市场相关的投行中介及资本辅导机构等。

利益相关者：投资人、债权人、公司的核心骨干成员、产业链上下游合作厂商、专家顾问团队、技术研发人员及实验室、政府及社团组织、潜在的投资人，以及创始股东的社会关系等。

## 行动力，决定公司价值的边界

“纸上得来终觉浅，绝知此事要躬行。”公司的行动力强弱取决于组织管理能力的强弱，其核心由目标管理、流程和组织文化构成。

一家公司长期可传承的行动力基因，源于创始人及创始团队强大的创业精神与实现自我价值的内在驱动力。公司经过长年的沉淀，逐渐形成具有自身独特价值的组织文化及企业文化，不断融合参与者的集体智慧与资源，以训练有素的团队行为完成高效的价值创造流程，从而实现关键里程碑的突破及既定的战略目标。

行动力是对认知的投射，仅凭思想上的高度，还不足以成就一家伟大的公司，投资人更看重的是实现伟大梦想的行动力。

### 资源力量，决定持续成长的边界

资源不是简单的社会关系的陈列，而是公司价值的放大器。通过链接利益相关者的社会关系圈层，提前为公司的战略落地准备相应的优势资源，助力公司核心价值的持续成长。

## 4.3 顶层设计和底层设计

公司的顶层设计要以经济价值的创造与分配为根本指导准则。自上而下，立足可持续发展的大局观，解决“看得远、看得见”的系统性问题，实现公司的愿景与使命。

## 顶层设计

顶层设计的前提是系统性认知。这种认知必须拥有四度空间：创业实践的深度、视野的宽度、理论的高度，以及思维的厚度。

顶层设计是指对主体结构和主要模式的设计，其原本是一个系统工程学的概念，在我国“十二五”规划中，首次作为政治名词出现，如今被广泛引用到商界，成为热门的企业咨询类目。

前文中，我们说到公司的属性是营利性组织，是以货币计量的经济资源的所有者。所有公司的经营结果，最终是要反映到以货币计量的经济资源上。公司成员是以收入目标为原始驱动力的经济个体。

顶层设计要遵循由内而外的次序，从以下两个维度进行设计。

### 1. 内生性维度的顶层设计

内生性是公司组织在运行过程中必然形成的内在影响因素，对公司的长期可持续发展起主要决定作用。

内生性的顶层设计因素有三个：价值创造、利益分配与可持续性。

首先，价值创造。

谁是真正的价值创造者？这个问题是创业的首要问题。回答完这个问题，才算是真正意义上的创业开始，而且不同的公司会有不同的答案。华为公司曾提出“以奋斗者为本”的公开答案。大部分公司是依靠刺猬型员工支撑起来的，公司要想快速发展，变得更加强大，鹰型员工的比重会起到决定性的作用。

其次，利益分配。

我们要如何分配利益？利益分配有短期和中长期两种。短期分配是指对工资、福利与奖励收入等满足劳动报酬的常规性收入进行分配；中长期分配通常指股权、期权与分红权等与公司整体经济价值相关联的收益分配。短期的利益分配产生短期行为，中长期的利益分配产生忠实的追随者。不同公司在不同阶段要根据实际情况实施不同的利益分配方案。

实践证明，中长期分配可有效锁定公司真正的价值创造者，对公司发展潜力的促进作用是惊人的，尤其是在资本力量的加持下效用更为显著。比较典型的案例如下。

（1）古代晋商。从 300 多年前的晋商成为当时国内势力最为雄厚商帮的轨迹透视出，这一过程与其创立的东伙合作制（资本 + 职业经理人）及顶身股制度（管理层持股）等先进的分配制度是密不可分的。

（2）现代企业。华为公司从籍籍无名到全球领先，仅用了二十多年的时间，可以说，华为全员持股分配机制起到了决定性作用；阿里巴巴由18名联合创始人一起投资参股并共同创业，通过中国式合伙人制度，牢牢掌控董事会，借用资本力量，在不到二十年的时间里，跻身全球上市公司市值前十名。

（3）海外企业。美国高盛银行不断优化合伙人竞选与公司分红制度，历经一百多年的风雨逐渐壮大，成为全球投行的翘楚。

可以说，中长期分配机制的作用穿透了古今中外的商业史，包括全球证券交易所里上市公司的期权制度，也是公司中长期分配机制催生的产物，如今其还在源源不断地创造着新的奇迹。

最后，可持续性。

它包括公司的使命愿景，价值创造的可持续性与利益分配的可持续性。

使命是灯塔，照亮了公司未来发展的方向；愿景则是公司成员共同奋斗的目标；以使命与愿景为基础建立公司价值观。三者共同为公司可持续成长的组织文化奠定根基，是其价值创造赖以生存的土壤。

通常情况下，只有当长期的利益分配机制出现，且这种机制具有相对公平的有效性时，公司价值创造的原动力才会持续不断地爆发。不过，提供远超平均水平的短期利益也会在一定程度上激发价值创造的持续性。

2. 外生性维度的顶层设计

外生性是公司组织在运行过程中，必然与外部综合环境交互而形成的外在影响因素，对公司的长期可持续发展起次要决定作用。

外生性维度的顶层设计考量因素较多，其中最重要的有：产业发展定位、资源竞争、政府关系与社会责任。

外生性维度的顶层设计需要凭借公司内在的经营实力，根据创业者的战略野心来设计公司的商业模式与整体发展线路。在这个过程中，公司需随外界环境与条件的变化，进行动态的策略调整与再设计，解决商业化运行的过程中可能会影响公司发展的突出矛盾和问题，并提前进行风险防御。例如，2000 年美国互联网泡沫时期，阿里巴巴决策层进行壮士断腕式战略收缩，把分布全球的五大战场收回至杭州，重新调整公司的顶层设计，避免了关门的危机。

这里所说的外界环境与条件因素包括影响公司发展的国际、国内政治经济大环境，投资与资本市场环境，社会资源环境，市场竞争环境，产业供应链与价值链重要环节，以及用户行为变迁等。

由于外部环境的复杂性，静态的理论化顶层设计是不可行的，只会让公司成为一个理想的孤岛，陷入固步自封的危险境地。

## 底层设计的逻辑

假设公司价值创造用 $X^n$ 表示，顶层设计为指数 n，底层设计为基数 X。若基数不够大，则指数 n 再大也无用，顶层设计就会沦为空谈。因此，没有可靠的底层设计，顶层设计充其量只是一个空中楼阁。

底层设计自下而上，其使命只有一个，就是解决“走得到”的问题。良好的底层设计，可以自下而上地解决公司的成长性问题，自然融入顶层设计的可持续发展蓝图之中，为公司带来生生不息的原动力。

公司的底层设计聚焦于业务逻辑的极简设计，以可规模化复制为最终的验收基准，反向设计最优范本的经营单元，打造标准化单体盈利样板，构建可持续的业务成长模型。

我们来简明地解释一下，图 4-2 有关底层设计的交互逻辑中所表达的三层意思如下。

（1）从公司的产品开始，经历中间的流程环节，最终与用户亲密接触。

（2）公司的基层员工，沿着流程的指引，创造公司想要的业绩结果。公司想要的业绩结果无非是短期业绩数据，还有长期的成长性。这些是所有公司都想要的结果。

（3）基层员工与用户，经由流程的黏合，形成了类似联盟的关系。

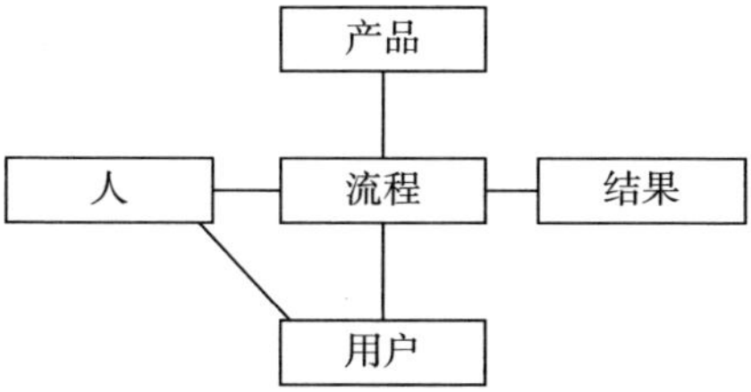


**图 4-2　公司的底层设计**

在底层设计中，流程处于核心位置，就像哈利·波特手中的魔法棒一样，哪个创业者不想要？

那么，**究竟怎样的流程可实现“开挂”的结果？**

想让公司的基层员工有可能达成“自下而上地解决公司的成长性问题”这个目标，流程就必须具备两个必要前提：

第一，设计方向的正确性。这需要利润塔体系的完整性，确保公司走在正确的方向上，只要耐心等待时间给出的答案就可以了。

第二，基层员工持续的自发性。只有全体基层员工发自内心地在一线努力奋斗，不懈地进行价值创造，与用户形成类似联盟的关系，公司业绩实现可持续增长才是指日可待的。

这里的流程与工作流程的概念不同，工作流程只是员工行为的有形参照，而在此之前还必须拥有一套指引公司战略层在制定这些规则时的思维流程。

底层设计中的流程可围绕“思维流程”和“行为流程”进行设计。

思维流程可参见后文中的相关介绍，这里先重点介绍一下行为流程。

## 行为流程

思维的落地要靠行为。

行为流程是指如何激发自发性的价值创造行为。

底层设计中的行为流程，其出发点是行为的自发性，没有自发性的组织就如同一潭死水。在“人—流程—用户”的流程结构中，要如何实现员工与用户角色之间融洽的交互关系，从而创造出卓越的业绩结果呢？

员工与用户要形成类似联盟的关系，首先要确立“用户利益第一”的信仰，倾注公司的一切力量维护这一行为准则。比如，海底捞的用户文化，通过看似违反常态的一线员工所提供的“无底线”服务，牢牢吸引目标用户习惯性地光顾，最终培养出稳定的消费路径依赖，实现业绩的可持续成长。当然，这样的关系结果中存在两个必要的前提：一是产品的强需求属性；二是底层员工的自发性。前提不具备，行为流程也必然中断。

那么，底层员工的行为自发性到底源自哪里？

我们从以下三点分析：一是情感，二是收入预期管理，三是训练有素的组织文化。

从情感上讲，自发性的源头在于归属感。

正常情况下，每个人都会自愿自发地为家人做任何事而不会事先考虑经济回报的问题。然而，公司是营利性组织，所有成员的加入是以获得经济回报为目的的，两者之间的行为逻辑刚好相反。因而，能否让员工对公司产生亲人般的信任与家庭般的归属感，将决定员工是否会建立起自发性行为。

所有情感的建立都离不开人，基层员工与公司之间的直观情感是寄托在部门层领导及公司内的利益相关者身上的，其源头是与公司高层及创始人所施行的中长期分配机制和公司的制度保证，以及企业文化连脉同枝。由此，基层员工的归属感产生是一个由高到低施信与由低到高取信的并行过程。

由高到低的施信，是指公司管理层通过对人的尊重、工作授权与收入分配等方式不断施信于基层员工；由低到高的取信，则是指基层员工通过工作激情、投入度与能力不断提升来获取管理层更多的信任。这是一个双向循环的过程，经过一段时间的沉淀，当双方的信任越过临界值时，员工在情感上就会建立起对公司的归属感。

有了一定的归属感，员工的工作意愿度就会大幅提升，行为的自发性就会油然而生。拥有足够意愿度的员工，可以每天加班加点，身心全部投入工作当中，让管理者实现无为而治。

通过取信与施信的双向循环，公司可以把目标对象培养成一个训练有素的可靠员工。

在员工对公司逐渐产生归属感的过程中，还要让员工建立起对公司未来发展的信心以及对自己能力成长的预期，帮助其逐步实现收入阶梯式增长，否则单纯依靠情感所建立的自发性是无法长期延续下去的。

每一位员工都会有自己的收入预期，这种预期包括当前的收入，可预见的下一阶段收入，以及未来的收入。收入预期管理其实就是个人价值创造能力与公司制度之间相互成就的体现。简单来说，就是一个能力验收与收入验证的双验过程。

首先，从个人能力提升的角度来说，帮助员工适应当前的岗位，合理规划下一阶段的目标，以及对未来的期望，建立人才培养体系，推动员工的工作能力登上更高的阶梯以实现更上一层的收入预期；其次，从员工关系的角度来说，公司要营造令人愉悦的人际关系氛围，包括上、下级及周边协同关系，排除不必要的情绪干扰影响；最后，从公司制度保证的角度来说，通过一系列的制度建设，让员工可集中力量进行价值创造活动，避免内耗，关键是确保承诺兑现的制度保证力量，由此建立起员工对公司价值创造与回报的制度信任。如此，可以让在一线战斗的基层员工没有后顾之忧，形成自发向前的行为文化。

总的来说，了解员工对现在及未来的收入预期，通过培养、训练提升员工的工作能力，用制度保证其可预见的收入得以兑现。兑现的形式有多种，可以是荣誉、现金、奖励、期权、股权与某种可信的承诺回报及其系列组合等。在能力验收与收入验证的过程中，不断强化榜样的示范力量，让员工对公司及自己所预期的可实现的未来充满信心。在这种场景下，员工的激情会被点燃，自我驱动力也会爆发出来。

从组织发展的角度来看，自发性必须依靠训练有素的组织文化才能持久。

公司早期的企业文化，有着创业者个人行事风格的烙印。当公司人数超过 50 人时，体系内的部门层会相对固定下来。这时，公司的组织文化开始逐渐形成，并且具有了一定的传承性。这种传承性会在公司招募员工时有所体现。

初创时期的组织工作流程，多数是以前端的事（业）务驱动人，传递被动性的工作任务；到了业务相对稳定的时期，工作的主动性、规划性与系统性的线条逐渐显现，这时候区分普通公司与优秀公司的关键，就在于组织文化中是否包括训练有素。

训练有素的组织文化虽有助于快速实现公司的战略意图，但要实现“训练有素”这四个字，却是一个巨大的长期的挑战。

“训练有素”有三层含义：训练有素的人、训练有素的思想、训练有素的行为。

首先，训练有素的人。

公司对“谁是真正的价值创造者”要有清晰的画像，同一公司对于战略层、部门层与执行层（功能层）会有不同的定义，也会有不同的标准，关键是如何聚拢符合标准的一群人，构成组织班底，这决定了组织文化的走向。不同的人在进入公司之前都天生带有自己的个性、经验与行事风格，要基于公司的战略系统构建出不同层面的职位认知与实践，让不同的人才进行有效的自我激励与改造，实现适才适岗的目标。

其次，训练有素的思想。

它是由公司经营的价值观决定的。其中，最核心的问题是，当公司形势惨淡时，如何直面残酷的现实？不同的公司在创业过程中，迟早都会面对“红旗到底能打多久”的疑问。《从优秀到卓越》一书中提到了“斯托克代尔悖论”，其中强调了两点：一方面，平静地接受残酷的现实，集中精力继续奋斗；另一方面，坚持你一定会成功的信念。

最后，训练有素的行为。

对于中小企业来说，聚焦永远是创业者需要不断训练的正确行为。大多数前期发展势头良好的公司，最终都败在业务线盲目扩张的路上。创业公司要遵循“先存活，再升级”的实用主义行为文化。在创业初期，训练有素的行为莫过于树立起“用户利益第一”的信仰，专注于核心业务的行动力，训练一线的基层员工为用户提供良好的产品与超越标准的服务能力，从情感、收入与个人成长等多方面激发他们工作的自发性与能动性。

要坚守公司战略定义指导下的业务行动流程，建立起有序、高效的业务管理体系，形成良好的工作行为习惯。

## 4.4 同行者

创业合伙人是公司的命脉，无论是“青铜”还是“王者”，自摆兵布阵时起，就奠定了公司成败的基调。如果没有征服珠穆朗玛峰的野心，一个普通的创业者连抵达山脚的想法都不会出现，更何况冒着丢掉身家性命的危险前去攀登呢？

## PASS哪家公司？

俗话说："狼行千里吃肉，狗行千里吃屎。"

创业公司如果从一开始就没有一点儿狼性，注定很难成功。尤其是在当前红利衰竭的下半场创业，一家公司如果连All in的勇气都没有，又如何能够赌赢未来呢？

投资人不会犯傻，除非另有目的。

狭路相逢勇者胜。在投资人眼中，首先看到的永远是那些肯为未来拼命的创业者。

## 合伙路上的考验

特种部队在执行任务时，经常要挑选同行者，因为同行者在很大程度上会影响其他人的生死。

创业同样如此。

在创业的过程中，牢固的背靠背关系是一种长期考验。因此，创业搭档的选择至关重要。合伙创业考验的是掌舵者的胸怀、智慧和手腕。创业初始阶段，也许可以"饥不择食"地找人，一旦业务上了台阶，创始人就要站在更高的维度从更深层着手考虑体系的长治久安问题。

不同的出身、背景、学历，不同的个人经历与从业经验，不同的性格等因素，都会造成合伙人之间对同一事物的判断、对既得利益的考量、对未来的追求不一致。

在公司运行过程中，不可避免地会因信息不对称，逻辑思维水平、个人优势以及付出意愿的不同等问题，导致每个人对战略的理解不同步，在公司用人和经营理念上不吻合，对经营风险的判断存在差异，对资本运作的接受程度不统一，还有合伙人在不同发展阶段对个人利益得失的满足度不一样，对自己的贡献与回报的公平性认定不尽相同，随时间推移对工作保持投入度或激情消退的状态变化存在差别……

无数的不同会消融创业者的初衷，就像那些只看到对方的优点而结婚，却因无法忍受对方的缺点而离婚的人一样。假如你是公司的领头人，在遇到上述这些“不同”时又会如何处理呢？是和稀泥拖着走，还是以一敌十以武开道？当项目进展得不顺利或者大家都感觉“分赃”不均的时候，你又该如何鼓舞士气？

“兵熊熊一个，将熊熊一窝”，说到底还是要看领头人的修为。

## 创始人标签

每个人都是被上帝咬过一口的苹果。

没有人是万能的，都有自己的缺点，也都需要别人的辅助与辅佐。如何让不同的合伙人发挥最大价值，形成优势互补，并且在任何环境下都能达成共识，共同开创丰功伟绩，这是创始人必须掌握的“必杀技”。

一个成功的创业者不但要“知己”更要“知彼”，除了要知道自己的长处与短处外，更要了解合伙人的能力和专长是什么、缺陷在哪里，否则在磨合过程中，出现意外的概率会很高。合伙人很大可能会变成拆伙人。通常情况，被投资人看好的创业搭档，至少需要有 3 年以上的共事经历，不过这一点也不是绝对的。

作为一个创业者，一定要有足够的胸襟与担当，包括承受被人误解的委屈，牺牲个人利益而不过分计较，自觉贡献价值，主动承担责任，积极与人沟通，先人后己等，以确保公司发展的大局平稳。

在工作技能方面，公司每一位创始人身上都贴着典型的技能标签（见图 4-3），它在最大程度上展现出一个团队的主导属性。身上贴着不同技能标签的人，其惯性思维及关注问题的角度与倾向性会有很大的差别，技术、市场与生产等不同领域出身的人，会有很不一样的思考方式与行事风格，当面对争议问题时，他们很难在同一个维度上进行探讨。如果不能深度理解这种差异性，并且用对方听得懂的语言进行沟通，则很容易产生并累积负面情绪，时间久了便会影响工作意愿、效率与协同性。这是创始人在面对合伙人时需要掌握的相处之道，也是合伙人之间通常需要 3 年以上亲密共事的原因，它可以省去大量的沟通成本，降低严重冲突的风险。

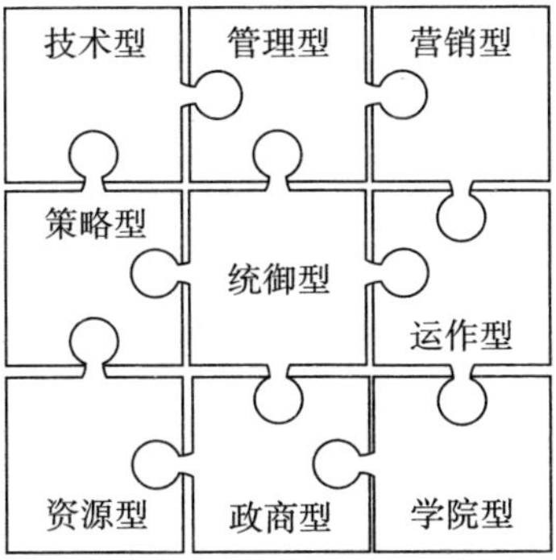


**图 4-3　创始人的典型标签**

创始人的标签属性，在某种程度上决定了公司成败的定数。没有必然成功的类型，只有相互匹配的更好组合。

创始人是否“知道自己不知道”，并且能清醒地意识到“如何保持能力互补且工作关系匹配的核心队形”是决定创业成功的关键。为此，创始人必须从全局出发，包容不同背景的团队协同作战，随时站在他人的角度看待问题，理解他人所处的层面与立场，团结一切可以团结的力量，共同实现“共产主义”的创业理想。最悲催的是创始人在“不知道自己不知道”的情形下指挥战斗。

所以，创始人要理解自身及合伙人身上的标签及其定义，妥善处理与金钱相关的利益事项并安排好公司的分配机制，始终保持对合伙人的尊重，才能凝聚同行者的力量。

## 理想的团队构成

有过一两次失败经历的创业者都知道共同创始人的重要性。

据统计，拥有2~3位共同创始人的公司，成功概率平均是其他人数的3倍以上。1人孤掌难鸣，但人数超过3人后，合伙人之间的沟通成本会增加，保持行动的一致性也就更加困难，成功的难度也会大幅上升。

公司早期的团队成员构成，将决定创业的成败。理想的团队构成至少需要3种人：

一是指路人。

指路人具有战略远见，可以穿透公司的未来，并且善于整合资源。指路人视野开阔，对市场敏感度高，对于产业及经济趋势有清晰的认知，能给团队指明正确方向。

公司的创始人或创始团队中必须要有这一类型的人，当然公司也可从外部聘请创业经验丰富的行业专家以及资本辅导顾问等，为公司的整体治理架构、产业发展趋势及公司的资本路径设计等提供方向性的指导意见。

二是开路人。

开路人善于将设想或远见变成现实，能够让公司的战略设想通过产品、技术或行动计划落地。根据当前的形势，判断实施设想可能存在的障碍并采取有效的应对策略，然后“逢山开路，遇水架桥”，迅速解决实际落地过程中出现的诸多问题，交出一份合格的答卷。当遇到难以解决的障碍性问题时，开路人可以充当救火队队长，承担起保驾护航的责任。

三是赶路人。

赶路人善于高效执行，战略定义的方向一旦出错，就容易南辕北辙，因而需要有指路型的人带领。

在确定可行的测试结果后，赶路人能够高效地组织人员行动，快速推进工作计划的实施，不断取得超出预期的结果。特别是公司的营销体系中，赶路人是不可或缺的。

该类型的群体基本上是训练有素的职业化团队，由管理合伙人带领高管、部门层及执行层的员工构成。

## 4.5 玩法

创业是一项集体闯关游戏。一家公司在成长的过程中，会有无穷无尽需要处理的事务，也会遭遇各种各样的挑战，如同游戏场景中的各种关卡，不同的关卡有不同的游戏背景与规则，要用到完全不同的技能才能顺利过关，否则就会被卡住，遭受不同程度的损失，甚至是拖慢公司的发展速度，形成不安定的因素。

对内方面，公司的每一个部门就是一个小关卡。例如，人力资源部、财务部与市场部等不同部门，其职能、工作要求、指导准则、管理及考核方式都是不一样的。这也导致员工的思考角度、出发点与行动方式等大不相同，再加上员工所处的职位层级、工龄、性格、眼界及利益诉求等多方面的影响，在面对公司问题时，难免各有各的小算盘。要让这些小关卡拧成一股绳，齐心协力推进公司的战略步伐，就需要公司合伙人同步扩大认知边界，共同提升公司的设计与治理水平，实现集体通关。

对外方面，公司所面临的关卡要复杂很多，包括政商、媒体与法律、公共关系等。关卡的难度等级会随着公司发展规模的扩大而上升，规避外在风险并学会与不同阶层、身份背景的人打交道，是公司创始人通关的必备技能，否则很容易止步当前，甚至折戟沉沙。

## 价值最大化

不同赛道的商业背景是不一样的，竞争对手也不一样。不同项目公司选择的价值实现路径不一样，所面对的游戏规则也大不相同。创业者所能选择的玩法，归根结底依赖于公司的能力圈构成。

当公司有能力玩好内、外两个游戏关卡后，一个必然的追求就是如何实现公司价值的最大化。

一般来说，公司的价值就是公司赚钱的能力，通过自身累积的利润滚动投入，进而扩大经营规模，再逐步提高利润获取能力，从利润留成上实现公司价值的最大化。然而，综观全球，没有哪一家大型公司是靠自身利润的累积发展起来的，他们无不在关键时期借助资本的力量推动公司实现跨越式发展，最终才能站在峰顶之上。

从长期发展来看，公司价值要实现最大化，仅凭利润的积累是远远不够的，最终必然走向资本市场。这就要求公司必须具备创造未来资产的能力，可通过公司股权融资以及其他多种融资方式获取利润以外的资金，推动公司快速发展壮大。因而，公司在经营过程中，需要响应未来上市的目标要求，设计公司的商业模式与能力圈构成，以使自己有可能在早期阶段就获得机构投资者的青睐，赢在创业的起跑线上。

# 第 5 章　利润主线界定

## 5.1　产品属性

产品是公司开展经营活动的前提。

在当前供给过剩的竞争环境下，产品属性的强弱将从根底上决定一个公司的收入与利润前景，进而影响公司未来的命运。

从本质上来说，所有的产品都是为满足人的某种需求而产生的。我们在购买产品时会习惯性地进行比较，然后做出选择。

产品属性主要包含：需求属性、差异化属性、竞争属性。

### 需求属性

根据著名的马斯洛需求层次理论，人的需求由低到高可分为五个层次，包括生理的需求、安全的需求、社交的需求、尊重的需求与自我实现的需求。

在不同的需求层次上，产品应当拥有该层次典型的内在特征，这是一种共性表达，我们称为产品的需求属性。如果产品偏离了需求属性的共性特征，遭受挫折是迟早的事情。例如，医疗产品处在第二层次上，因而它必须要符合硬性的安全需求，否则便会出事。

除共性需求特征外，个体需求的差异化会从微观层面上，要求公司要精准识别某一类人群的需求或满足某一细分市场的个性需求。同时，还要意识到人们的喜新厌旧心理会给产品需求带来周期性的变化。在面对需求市场的定位时，要洞察到有些需求是强需求或刚性需求，而有些则是弱需求或伪需求；有的是高频需求，有的是低频需求。不同的需求属性受不同因素的干扰，对公司的业绩产生能力会有不同的影响。

## 差异化属性

人与人之间天生存在着差异，因而在选择产品时，必然会有各自不同的判断标准，这是产品差异化属性的源头。

从狭义上看，我们所说的产品差异化通常是指产品销售时的个性特征呈现，主要是针对竞争产品而言。但如果从相对宏观的公司整体视角出发，产品的差异化属性则与行业有密切的关联性，其影响要素如下。

1. 行业差别

所谓“隔行如隔山”，不同行业的产业生态不同，产业链的势力结构不同，价值链的环节也各有差异，因而产品的需求属性会受到不同程度的干扰或影响。处在不同时期的产业发展阶段的产品，其设计理念及指导思想会有很大的差别。

2. 目标市场

凡是产品必然有它的目标市场，无非是大众或小众的区别、创业者有意识或无意识的区别。

广义上的目标市场涵盖 To C（面向一般用户）、To B（面向企业）、To G（面向政府）等几大类。

狭义上的目标市场是指由产品与购买者之间的需求链接所形成的市场集合。也就是说，一定数量的类似或相同的个体需求汇聚在一起，集合形成一个客观存在的市场空间，公司根据这个市场空间的大小及其典型特征设计产品，使该需求得到满足。

在满足目标市场需求的过程中，产品不可避免地要面对竞争对手的挑战，因而需要实施差异化的竞争策略。

3. 需求变迁的趋势

从宏观层面，经济全球化趋势让不同国家与民族的文化面向全世界传播，极大地开阔了人们的视野。国内经济经过 30 年的发展，居民可支配的财富总额在不断上升，人们的需求结构与购物习惯已发生了巨大的转变。

过去大众所强调的实用、牢靠与便宜的消费观念，逐渐被新一代追求新鲜、有趣、有设计感的消费观念所替代，市场需求背景的画风变了，产品的差异化设计也应当追随时代的步伐改变。

整个社会个体需求变迁的态势，必然带动产品技术革新的趋势，从而影响产业发展的形势，最终投射到资本市场，形成项目投资的长期趋势。

## 竞争属性

公司竞争的直接目的是争夺产品销量，在同一目标市场中占据更大的市场份额，这就需要最大程度地争取目标用户，产品是最直接的竞争工具，营销能力则让工具锦上添花。当然，有的企业可以用三流的产品，夺取一流的销量；也有的企业号称拥有一流的产品，却只做出三流的销量。

但在同一条赛道上，产品在市场上的表现，不仅靠产品本身的优势，更重要的是产品背后由公司能力圈所搭建的系统支撑力量及其选择的领先策略所带来的竞争效率的提升。

当产品不再成为推动公司前进的主要力量，而只是依靠营销人员时，公司的发展必将面临危机。

## 5.2 产品竞争的领先策略

一般情况下，一家公司如果在行业里拥有某一个策略分型的领先地位，就基本具备了相对强大的市场竞争力，也就有机会成为重量级的企业；若能实现行业绝对的领先地位，就有可能成就一家头部企业。

### 产品领先模型

综观国内外市场，每一家成功的知名公司，其产品属性都有可圈可点的领先特征，能够令公司快速取得市场竞争的不对称优势。我们通过观察分析各个行业大量成功的案例，结合 20 多年的创业、经营与投资实践经验，总结出可供参考的产品领先模型，它同时也是公司最基础的利润主线模型之一（详细内容见“利润主线模型”）。其主要包括五大策略分型：

（1）成本领先型。

（2）品类领先型。

（3）技术领先型。

（4）设计领先型。

（5）理念领先型。

根据产品领先模型选择自己的策略分型时，需要把握以下两条原则：

第一，能力圈匹配原则。

选择不同的策略分型时，必须要与公司当前的能力圈相匹配或者调整公司的能力圈与策略分型相匹配，这是一个硬性要求。否则，只是根据自己的喜好、心理预期象征性地选择一个策略分型，并没有实际意义，反而可能陷入某种误区。

第二，尖刀原则。

先专注一个适合自己的策略分型，将其潜心做到极致，打造成一把足够锋利的尖刀并插到市场上，形成立竿见影的口碑效应。

根据以上两条原则，我们建议，除非达成事实上的行业领先，否则不要轻易考虑启动第二个分型，因为绝大部分创业者都不具备在双重或多重策略思维的指引下，对公司进行系统设计与构建的能力，团队也很难经受双线或多线运行的考验。

### 1. 成本领先策略

价格竞争是所有市场竞争行为中最直接粗暴的，也是最有效的手段之一。通过低价策略快速占领市场份额，曾是许多大公司惯用的营销杀手锏。

俗话说："杀敌一千自损八百。"低价竞争具有侵略性，但过度的低价对公司成本控制能力的要求非常高。因此，低价不等于成本领先，真正的成本领先可以带来良性的低价策略。

一般来说，初创公司或实力不足的公司，很难成功地实施成本领先策略。但通过技术领先或理念领先的模式，可打破上述限制，带来成本领先的附带优势。

成本领先策略的实施需要具备以下四个基础特征：

一是市场规模庞大；

二是产品容易找到替代品；

三是购买群体对价格敏感度较高；

四是公司拥有足够强大的管理能力，特别是公司文化、供应链体系管理能力等。

以下是两个典型案例。

① Costco 超市，美国排名第二位、全球排名第七位的零售商。

首先，确保良品的前提。实行"无风险的 100% 满意保证"的退货策略，要求供应端承担全部品质风险，确保 100% 良品上架。

其次，极限成本控制力。通过精减 SKU 提高单品的采购规模，压低采购成本极限，要求供应商承诺提供唯一性的最低供货价；同时极度强化公司内部管理，体现在其年度运营费用仅占收入比重的 9%，而沃尔玛是 19%。

最后，硬性低价政策。把“所有商品的毛利率不超过 14%”作为管理层的硬性要求，大部分商品的毛利率仅为 10%～11%，对比国内永辉超市 2018 年 22.15% 的综合毛利率，这让 Costco 店内产品的销售价普遍低于市场价，牢牢吸引住了消费者，其全球会员的续费率高达近 90%。

②拼多多电商平台，2018 年登陆美国资本市场，市值达到 240 亿美元。

拼多多是成本领先策略的互联网服务类型的成功案例。

首先，拼多多选择极限低价走量的模式，为用户与源头型商户提供居间服务。

其次，设计社交拼团软件，通过拼团软件为买卖双方提供线上交易市场，给用户带来更多的超低价选择，引发用户规模的指数级裂变。2015 年上线后，仅用时 15 个月，其用户量就突破 1 亿，18 个月做到单日交易额突破 1 亿元，上市前的平台商户超过 100 万家。

2. 品类领先策略

人们在市面上见到的绝大部分产品都有其既定的传统

类别归属，简称为品类。但有一些产品是过去未曾出现、未进行商品化或未形成市场类别认知的产品。它们有的是偶然产生的，也有的是经由专项产品研发出现的，通过重新定义产品属性，或把原有产品的某些属性进行改造，或提取多种产品的不同属性进行杂交，从而创新产品推向需求市场，逐渐形成新的品类认知。

品类领先策略分为两种：一种是传统品类，另一种是创新品类。

（1）传统品类领先策略。

在成熟行业的市场中，排名前三位的品牌通常会牢牢占据该品类大部分的市场份额，形成相对牢固的竞争领先优势。传统品类领先策略的运用普遍以大公司为主，小公司由于营销力量及市场投入不足，很难有机会胜出。例如茅台白酒、康师傅方便面、格兰仕微波炉、奔驰汽车等。

（2）创新品类领先策略。

创新品类领先策略可细分为三类：一是品类分化，二是品类优化，三是开创全新品类。

品类分化是指对传统品类的需求市场进行细分化切割，形成更小的细分需求，通过寻找未满足的细分需求推出有针对性的新产品，从而占据细分市场的品类领先地位。品类分化领先策略是中小型公司逆袭大公司的利器，也是大公司打破现有市场格局常用的竞争策略。

选用品类分化的领先策略的典型案例如下。

① 哈弗 SUV，是汽车行业比较罕见的以细分品类市场为唯一目标的品牌命名。长城汽车通过“哈弗”品牌重新定义公司的产品战略，聚焦 SUV 细分市场，重构公司的能力圈，成功地从汽车传统品类的激烈竞争中突围出来，抢下 SUV 细分市场的品类领先地位，连续 14 年保持国内 SUV 销量冠军地位，年销售超过百万辆。

② 公牛安全插座，把插座产品的安全属性剥离出来，定义成自己的品类特征，通过安全插座的品类分化，快速从传统品类竞争中凸显出来，牢牢占据这个细分品类的领先地位。公牛集团于 2020 年 2 月在国内 A 股上市，市值高达千亿元。

在品类分化之后，一旦形成稳定的市场供求关系的延续与成长，就会沿着曲线向上进入品类进化的自然进程，通过不断地优化与迭代，产品会往越来越好的方向升级。例如汽车、飞机、电灯等的发明与产品进化。

品类的分化与进化代表了品类领先策略的两个方向：分化的本质是差异化，表达“不同”的定位特征；进化的本质是优化，表达“更好”的属性特征。公司的能力圈构成不同，两者孰优孰劣不能一概而论。

中小型公司或初创公司在挑战具有统治地位的产品时，需要用到“不同”的分化竞争攻击策略，其目的是通过差异化的产品定位，分化市场的购买注意力，削弱领导品牌的影响力；而处于领导地位的产品，则倾向于“更好”的优势强化策略，目的是巩固其不可替代的产品及品牌形象。

宝洁公司将品类分化与品类优化这两种不同方向的竞争策略运用得淋漓尽致，完美融合了双重领先的优势。通过多品牌战略，宝洁公司运用品类分化策略在公司内部建立“不同”的品牌部门，针对不同的细分市场，让不同定位的品牌之间形成平行竞争关系，经由市场淘汰得出答案，再扶持“更好”的品牌进行品类优化，进一步强化其领先优势，巩固其王者地位。

开创全新品类是指把一个新产品变成一个新品类，其中有的是通过品类分化后积淀形成的，有的则是直接创造了一个全新的产品类别，由此开拓出新的蓝海市场或颠覆了原有的传统市场。

开创新品类的 5 个必须考量的要点有：认知区间的识别、目标人群、价值诉求、使用场景和需求行为的可持续性。缺少以上任一要点都很难真正完成新品类的开创。

直接开创全新品类的成功概率比较低，公司需投入大量的研发资金，后期也需要投入巨大的市场建设资金，用于完成用户教育与消费习惯的培养。其间，公司还要面对需求稳定时，大公司的市场入侵，风险系数较大，因而中小型公司尽量少采取此类策略。

3. 技术领先策略

技术领先策略是指采用行业/产业先进的国家级或国际性的技术力量，涉及整体技术创新、局部创新、微创新等，多以发明专利为基础形成拥有行业领先地位的竞争优势。

实施技术领先策略的公司比较少见，须常年保持高额的研发费用投入，有强大的研发团队打造完备的研发体系，包括技术研发、改进、创新以及新产品开发等，在产业内的领先地位突出。例如，英特尔在全球 CPU 技术上的持续领先，台积电是全球集成电路制造技术的领导者，其行业占有率超过 50%，华为的 5G 技术领先全球，寒武纪的全球新一代人工智能芯片技术，还有被美国列入“实体清单”的大华技术、海康威视、科大讯飞等技术领先型公司。

4. 设计领先策略

设计领先策略是指通过产品的外观、造型、材质、结构、功能、内在系统、技术应用、工艺标准、流行色彩等方面的组合设计，让公司的产品与同类竞争品之间，呈现出明显落差或颠覆性的内外感知效果，吸引目标受众的强烈关注，提升并巩固品牌的整体形象，从而实现竞争领先。设计领先型的公司通常掌握着很高的品牌溢价空间。

领先的设计不是为了设计而设计，而是依托社会与行业发展的趋势，在深刻洞察目标市场的需求基础上进行的。这种需求必须是真实有效的、能产生购买行动的现实或潜在需求，而不是伪需求。

设计领先的难点在于保持高水平的持续领先，这就要求首席产品官必须拥有产品设计的最终拍板权或者其就是公司的最终决策者。与此同时，首席产品官必须要具备战略性思维并对所从事产业及市场有极深的理解能力，当然，具有深厚的审美功底是不用多说了。

5. 理念领先策略

理念领先策略是一个既简单又复杂的概念。

简单在于，可以用几个字或一句话就能表达清楚其核心定义，复杂则在于不同的人对理念领先的理解与判断有不同的标准，这与人的认知水平有密不可分的关系。例如，有的创业者会奉行专注于一的产品开发理念，有的却会奉行“多元化”产品开发理念，大部分公司的产品开发理念是混乱的。

前文中谈到顶层设计的前提是客观的系统性认知。这种认知必须拥有四度空间，首先是根植于创业实践的深度，同时兼有视野的宽度以及理论的高度，最后还要考验思维的厚度，否则可能陷入经验主义或是主观性猜想的灾难。

实施理念领先策略对于创业者的认知能力要求是极高的，这与其改变愿景相对应。

首先，理念的正确性要建立在对事物发展规律的深刻认知以及识势的基础上，包括用户需求变迁的趋势、产业发展变革的趋势，以及竞争与市场格局发生变化的趋势。

其次，应当确立产品领先取决于市场实践深度的理念，要尊重目标群体、市场营销及客户服务等一线人员、行业资深从业人员等对市场及产品的理解与建议，以此为出发点构建公司的产品理念与领先策略。

最后，还要与公司的能力圈构成相匹配，才有落地执行的可靠性。否则，无异于画猫成犬。

最为致命的问题是，理念是一种很容易改变或出错的思考结论，极易受个人心性的影响。不同的人在不同的认知成长阶段会拥有不一样的理念，况且人的理念天生受外界信息的影响非常大，不同的理念在舆论导向的传播中也经常会有某种误导性。不少人经常从过去的认知状态脱离出来，发现自己曾经处于“不知道自己不知道”的认知状态或者是“以为自己知道”的认知状态，然后会急于遵从当下的理解修正过去有可能错误的理念。这时，如果仅是个人的认知提升还好，如果涉及公司产品理念的转变，又该如何把理念从虚拟的形态转化成可执行的行动呢？以及如何处理公司理念的转变与提升所带来的影响？不同层面的员工，甚至是合伙人都很难站在创始人的层面考虑问题，且不同的人的学习理解能力是不同步的。当理念发生多次更改之后，公司最终将何去何从？

因此，在前面5种产品竞争的领先策略中，理念领先策略是维度最高，也是最难操作的一种选择。其难点在于理念的形成、落地和定力这3种不同力量的动态统合，一旦拆离将对公司的发展产生不利的影响与后果。

成功的产品理念领先策略，在面对目标群体落地时，必定需要拥有至少一个具有行业制高点的要素诉求，否则领先不成立。

理念领先策略的典型案例如下。

①小罐茶，以“现代派中国茶”的品牌定位，围绕“小罐茶，大师制”的产品理念，由日本设计师设计小罐包装的创新概念，通过与国内八大制茶大师合作，打造不同茶品类的高端消费影响力。2015年试点上市，2016年销售额不足1亿元，2018年已快速增长到近20亿元，跻身行业头部。

②瑞幸咖啡，以“创造一个源自中国的世界级咖啡品

牌”的品牌使命，围绕“让每一个顾客轻松享受一杯喝得到、喝得值的好咖啡”的产品理念，邀请世界咖啡大赛总冠军及意大利区、中国区的 3 位冠军出任首席咖啡大师，所采用的咖啡豆连续两年在 IIAC 国际咖啡品鉴大赛荣获金奖，奠定其产品过硬的底色。

瑞幸咖啡以互联网思维改造传统咖啡行业，在两年左右的时间里开了 4000 家门店，凭一己之力将中国的咖啡饮品从相对冷门变成近亿人消费的门店品类。从成立到在美国纳斯达克上市，只用了短短的 18 个月，创造了全球最快 IPO 纪录，之后由于财务造假被迫退市。经过一年多时间的整顿与重组，凭借其深厚的经营实力基础再度获得资本的加注。

公司发展是一个系统致胜的工程，产品只是起点。

拥有产品竞争的领先策略，不代表公司就一定会发展得好。

但凡杰出的公司都必定拥有一个超越同侪的产品领先策略，这是公司经营的基本功。当公司犯错或面临挫折时，基本功的价值就会体现出来。正如瑞幸咖啡一样，在经受资本市场的挫折后，回到产品经营的基本点不断推出新品，当生椰拿铁上市成为爆品后，其系列产品单月销量突破 1000 万杯，对瑞幸的利润提升做出很大的贡献。

大多数的头部企业，会拥有两个甚至是三个策略的领先地位，如苹果的“理念 + 设计 + 技术”领先，华为的“成本 + 技术”领先，小米的“设计 + 成本”领先，名创优品的“成本 + 设计”领先等。

不同的领先策略都要以符合公司的战略定义为前提，在选择领先策略时要根据与能力圈匹配的原则，切忌贪多。总体上，排序靠后的策略领先容易向下延伸增加新的领先优势，而排序靠前的策略领先要往后增添新的领先优势则相对难度大些，但并不绝对。

## 5.3 利润主线

先来看一则《战国策》中的故事：

季梁对魏王说：“今天我在太行道上遇见一个人坐车朝北而行，他告诉我他要到楚国去。我问他：为什么去楚国反而朝北走？”

那人说：“不要紧，我的马好。”

季梁说：“即使你的马好，可朝北不是到楚国该走的方向啊！”

那人又指着身边的口袋说：“我的路费多着呢。”

季梁说：“你的路费再多也没用，这可不是去楚国的路。”

那人仍旧不听，还说："我有个善于赶车的马夫呢。"

他不知道如果方向不对，赶路的条件越好，离楚国就会越远。

这则"南辕北辙"的故事，用来表述行动与目的截然相反的意思，应了一句俗语："方向不对，努力白费。"

这也是许多公司在经营过程中的真实写照。虽然对公司进行了战略定义，明确了方向，但在没有找到自己的利润主线作为行动指南针之前，很容易陷入"战略在南，行动向北"而不自知的境地。

## 利润主线是什么

利润主线是指公司在战略定义的方向上实现价值创造的主体路径。

中小企业通常没有足够强大的能力圈来构建全面的竞争优势，也没有更多的犯错时间和机会，因而公司实现收入的主体路径选择，即利润主线的界定是关乎公司未来生死的大事。必须选定一条最适合自己发展的正确路线，然后不断在主线上积蓄动能，集中优势力量重点突破，才能实现公司可持续的价值成长。

利润主线依托产品及产业背景，以产品竞争的领先策略为内核，如图 5-1 中标 1 的倒三角形，并由左右两条辅线组合而成。

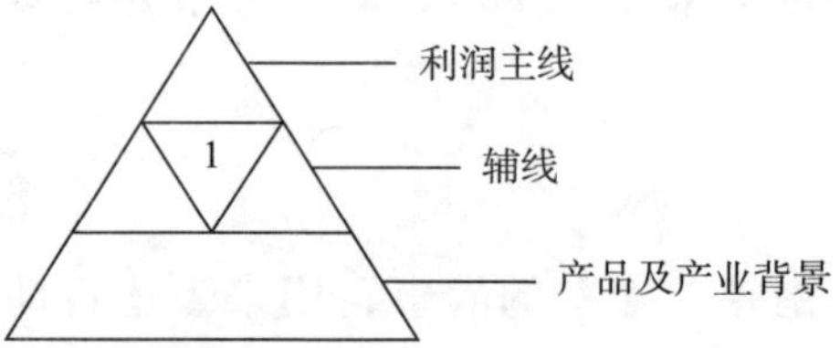


**图 5-1 利润主线界定**

利润主线所依托的产品背景，主要考量产品属性与产品竞争的领先策略分型。公司所处的产业背景，则主要从3个方面考量：一是产业的不同发展阶段，分为起步期、成长期、成熟期与衰退期；二是产业链角色，即公司处在上游、中游或下游的哪一个环节；三是公司的产业地位，处在领导者、追随者、竞争者或参与者的地位。

## 如何界定利润主线

要界定公司的利润主线，首先必须基于产品及产业背景回答以下5个问题：

（1）产业未来的发展趋势是什么？

（2）决定产业未来趋势的关键要素有哪些？

（3）公司在哪些关键要素上，必须拥有什么样的能力，才能在产业未来的竞争中胜出？

（4）结合产业发展趋势，对公司当前及未来3~5年的主营收入起核心作用的三大要素分别是什么？

（5）公司的产品领先策略是什么？

根据对以上问题的回答，在第 4 个问题的答案中，选出一项最重要的定为主线，其余两项作为辅线，形成主辅结构。需要注意的是，辅线对主线要起到正相关的助力或强化作用，设立辅线是为了加强主线的核心能力，两者之间不能是相互独立的分散组合、弱相关，或是相互对立的关系。

通过利润主线与辅线的组合，形成指向清晰的获利结构，同时在公司价值创造的方向上拥有容错的后备空间。主线与辅线之间的关系并不是一成不变的，可根据公司发展的实际状况进行科学调换，但在一定程度上要避免主线大幅度转向的风险。

主线通常由公司董事长或 CEO 亲自掌控推进，辅线则可由公司的“二把手”掌控。当主线与辅线相冲突时，原则上主线优先，但也并非绝对。在某些极端情况下，主线可以暂时让位，在中途做一些短期的业务转型或补救行动，但公司的经营方向最终还是要回到主线上。例如，在 2020 年初新冠肺炎疫情期间，有的医疗器械制造商迅速转型生产呼吸机，有的卫生巾及纸巾等生产商开始生产口罩等相关产品。

如果在经历了“黑天鹅事件”之后，公司需要进行战略方向的调整，那么就要重构公司的利润塔，利润主线随之也要重新界定，这时公司的能力圈构成与盈利点分布也需要进行相应的调整。

主线是公司的旗帜所在，在做与产品布局相关的重大决策时，首先要检视是否符合主线及辅线的要求，这样在经营的过程中就不会跑偏或绕弯，也不容易出现“经营分裂症”的现象。

## 5.4 利润主线模型

公司所处的发展阶段、产业发展周期及产品布局不同，选取利润主线与辅线的侧重点也不一样。

一家公司只能选择一个主线模型以及其中的一个分型作为利润主线，以此构建核心价值优势，提高获利能力，推动公司在既定的方向上取得市场竞争的领先地位。

不同的主线模型，会产生不同的获利机制。主线模型主要有如下几种。

### 1. 产品领先模型

产品领先模型是利润主线的基础模型之一，可处于利润主线界定图中 1 的位置上，主要有以下 5 个分型。

**（1）成本领先型。**

**（2）品类领先型。**

**（3）技术领先型。**

**（4）设计领先型。**

**（5）理念领先型。**

2. 渠道优先模型

渠道模型是指公司销售渠道的建设能力将在最大程度上影响公司产品销量与利润的产生。在产品不具备竞争领先优势的情况下，某些固有的产品属性将要求公司依赖于销售渠道的广泛分布，以获得更大生存获利的空间。例如，糖、烟、酒、包装食品等，以及以超市类渠道销售为主的产品。

渠道建设的方式主要有 4 种：一是自建直营，由公司自行出资建设，直接派人经营；二是代理加盟，通过招代理商或授权加盟商实现渠道的拓展；三是联合拓展，通过产业上、下游及周边关联的产业联动协作，或投资与托管分开的联合经营，或双方股权合作等方式拓宽销售渠道；四是跨界合作，与行业不同但拥有同一目标群体的商业体合作，形成多元共生的渠道分布。

公司处于不同的产业背景下，或处在不同的发展时期，渠道建设的要求与侧重点也不一样，并非采取单一的方式进行。需要根据经营战略目标选择与其相匹配的渠道优先策略，调动公司内外资源进行渠道建设。

渠道优先模型主要有以下 4 个分型。

（1）数量优先型。

多数公司在早期发展阶段，会以渠道拓展的数量作为优先选择。部分行业因其特有的属性，在终端渠道上始终是以开放式的发展为主，最大程度地增加销售商的数量，如手机、电脑、日常消费品等产品的销售渠道。

选择数量优先的渠道模型，通常以代理或加盟的方式居多。

（2）质量优先型。

有一定品牌基础的、具备系统运作能力的公司，会建立渠道贡献度的分析与评估标准，根据行业的特点提出一系列指标要求，对渠道商实行淘汰机制，确保渠道的质量符合公司发展的战略要求。比较注重品牌美誉度的公司通常对渠道质量有严格的准入条件要求。

通常情况下，自建渠道的质量要高于加盟或代理商，有共同利益捆绑的渠道质量要高于纯粹以业务合作建设的渠道质量。

（3）销量优先型。

处在扩张期的公司或者有风险资本支撑的项目，通常会强调渠道的销量覆盖，通过快速攫取市场占有率，将竞争对手排挤在主要市场之外，以此获得更大的市场主导权与产业领导者地位，实现公司规模的有效扩张。

选择销量优先的渠道模型，产品通常以成本领先为主，或者总部具备很强的赋能体系以及多媒体传播整合能力，否则将难以持续。

（4）控制优先型。

具有强势品牌影响力的公司会采取严格的垂直管控与激励措施，以激发渠道的效率、潜力与活力，以确保市场竞争优势并建立强大的用户忠诚度。

当公司业务处在相对稳定或成熟的发展时期时，也可选择控制优先型，这会对公司的企业文化、组织成熟度、研发体系，以及管理团队的能力提出更高的要求。例如，格力电器有限公司，通过公司总部与各地渠道商组建合资销售公司，形成对渠道的强大控制力。

### 3. 品牌主导模型

传统品牌的建设大都经历长时间的大量投入，以获得牢固的社会认知。但在移动互联网的背景下，用户接收信息与购买方式已发生了巨大的变化。几乎所有行业都面临同质化、供给过剩的残酷竞争，市场呈现碎片化状态，传统的品牌打造方式已不太适合现代的市场环境。品牌主导模型主要有以下 4 个分型。

（1）单品牌主导型。

小公司或初创期公司采取单品牌策略有利于集中力

量，降低市场推广的费用，减少人员的耗散，提高公司的运营效率与成功率。公司一个成功的单品牌，要有不低于10亿元的年营业额。

（2）多品牌主导型。

选择多品牌主导型的公司，大都建立在早期拥有一个成功单品牌的基础上。多品牌运营有两种不同的策略：一是关联品类的多品牌策略；二是互不相关的跨行业多品牌策略。

一个成功的主品牌需拥有良好的市场号召力，可为公司延伸关联产业领域提供坚实的品牌信誉背书，降低市场进入的成本与难度。同时，为巩固主品牌的市场地位，子品牌与附属品牌通过差异化定位对细分市场进行切割，形成有效的市场攻防体系，可封阻竞争对手或者提高市场准入门槛，给竞争对手制造难以逾越的市场壁垒。

（3）快品牌主导型。

在互联网与自媒体兴起的十余年间，大量的传统品牌如同潮水一般渐渐退去。

如何快速地在目标用户群体中建立起品牌认知与产品复购的黏性，成为当今品牌建设的主旋律。以免费、低价与爆品快速吸引用户注意力，几乎成了快品牌切入市场必备的“三板斧”，烧钱比赛成了快品牌打造的必然前提，若没有强大的资本力量作为支撑，普通品牌将不再可能

“鱼跃龙门”。

（4）轻品牌主导型。

公司集中力量聚焦品牌运营突破市场，以轻资产的运作方式将品牌运营的非核心环节全部外包出去，通过控制产品的专利技术、品质标准、设计研发及品牌所有权等方式掌控品牌核心资源，与传统的公司进行全产业链投资的重资产运营方式区别开，使品牌成为最重要的资产。例如，知名服装品牌耐克、阿迪达斯等，奢侈品品牌古驰、LV 等，以及许多酒类品牌的定制等。

在互联网营销的背景下，轻品牌主导策略基本上都专注于在某一垂直细分市场塑造品牌价值，通过线上快速的产品试错与迭代，精准锁定目标受众群体，打造拥有粉丝属性的精神坐标，让品牌在既定的社群圈层中形成追随效应。

典型的案例如下。

① 三只松鼠，聚焦纯互联网品牌的运营方式，以委托加工方式生产坚果零食类产品，成立半年后就跃居天猫坚果类目销售第一名。公司在风险投资的加持下发展迅速，号称国民零食第一股。

② 小米，自己不生产手机，而是聚焦互联网品牌运营，通过精准定位以“发烧友”为初始目标用户突破市场，带动形成年轻人的潮流。

③ 迪士尼，通过品牌授权商、专利以及知识产权等授权合作运营，在 2019 年 TOP150 全球授权商排行榜上，迪士尼以 547 亿美元的授权商品零售额排名第一。

④ 南极人内衣，是当前完全轻品牌化运营的典型。早期以“南极人不怕冷”口号打响保暖内衣品牌，是国内知名的内衣传统品牌公司。2008 年，南极人转型为“品牌授权”模式，砍掉生产商和销售端，推出“NGTT”南极人共同体商业模式。据称，目前有近千家全品牌的授权商，近万家的授权经销商与授权店铺销售其不同品类的产品。

4. 服务主导模型

美团的王兴曾在 2013 年对美国科技界及互联网圈中的资本市场、科技业和互联网信息产业的上市公司作了一次统计，发现其中科技业的一半是 To C 公司，占了一半的市值；另一半则是由 To B 公司，例如 Oracle（甲骨文，全球最大的企业级软件公司）、Salesforce（一家 CRM 客户关系管理软件服务提供商）、Workday（多租户的 SaaS 服务）等公司占据。中国的上市公司基本上都是 To C 领域的，To B 的公司几乎找不到。这种不平衡的发展状态与中国社会及商业发展的当前阶段有关，预示着一种新的趋势性机会。伴随着红利衰竭与红海遍布的创业环境，这也意味着帮助脱离低效运营环境的企业服务的市场空间正在被打开。相对于十多年来互联网概念火爆的大量 To C 类项目，由于 To B 类业务的成长周期比较长，回报倍率相对不够抢眼，因而在国内很长时间内不太受关注。这两三年来为企业服务的项目公司开始进入主流机构的视野中，投资事件数量也在不断上升。

服务主导模型主要是以 To B 企业服务类为主，To C 类型的主要适合弱产品强服务、纯服务方式，或包含服务内容的产品形态。

服务主导模型主要有以下 4 个分型。

（1）流程化主导型。

为公共事务、政策、经营环境、专业认知等具有固定标准化特征，或法定流程的功能性事务领域提供专业化的服务能力。例如，法律诉讼服务、商标注册事务、ISO 质量认证、公司注册服务等，也包括通过标准化的工具软件，解决企业职能模块的标准化管理与服务问题等。例如，ERP 系统、企业微信、钉钉移动办公平台、管家婆财务软件、今目标等。

（2）专业化主导型。

为目标客户提供具有针对性的专业化内容服务，多数具有个性化的服务特征。例如软件开发、股权设计服务、外观设计、产品定制、技术开发、营销策划、咨询、顾问与培训等。

实体产业的生产性服务，包括提供差异化的半成品、配件或个性化成品定制等。例如，PCB 设计与 SMT 电子贴片加工，供应链上游的零部件设计、生产与定制服务等。

专业化能力越强，所提供的服务水平越高。

（3）价值主导型。

为企业提供整体或具有定向价值的系统解决方案，帮助企业提升价值创造能力，加强战略实现的组织控制力，涵盖战略转型、价值链重构、流程再造、数字化技术、供应链管理、组织文化重塑、开拓创新等某一方面或全方面内容。

价值主导策略的提供者能为处在不同竞争层面与不同发展阶段的公司带来系统性的价值服务，包括降低成本、提高组织效能、持续创新以及战略目标分级实现等。

例如，IBM 为华为服务 10 年，基于流程再造提供包括管理在内的整体解决方案，收取了高额咨询费，助力华为登顶全球。还有全球最大的企业管理信息化解决方案供应商 SAP，以及大型风投机构的投后管理服务等。

（4）信任主导型。

由政府体系延伸的或天然具有社会公信力的组织所带来的服务。主要包括两种：一是以官方授权或组织关联的信任背书为依托，例如券商、银行、出版社、国资公司、公证机构、各种商协会组织等；二是经由长时间累积商业信誉形成的品牌信任基础，例如高盛银行、通用电气等百年企业。选择信任主导的策略分型，如果自身不具备上述两种信任的基础，就需要采取“傍大款”策略，尽可能多地寻找强信任背书企业的关联关系，如官方认证、国际品牌授权合作、意见领袖推荐等，以提高客户对公司的信任值。

### 5. 流量驱动模型

通过流量驱动策略实现公司快速发展，多数是以互联网为依托的新经济类型公司。根据流量的来源与动力构成的不同，流量驱动策略可参照的主要有以下 4 个分型。

（1）垂直驱动型。

专注于垂直细分市场打造品牌影响力，以私域流量为主的策略。大部分的传统公司实施垂直驱动的流量策略。

（2）关联驱动型。

通过广告、内容推送、话题设置、事件营销、热点、意见领袖、公共平台或公益活动等制造关联场景以吸引受众，以复合手段筛选精准目标群体，形成自己的消费圈层流量。这是互联网品牌型公司实行的流量策略。

（3）补贴驱动型。

通过高额补贴的方式广泛引流，靠后端运营转化流量，提高用户复购率及持续消费的黏性。这是有风险资本加持下的互联网公司“烧钱”获取流量的典型策略，例如美团、滴滴、共享单车等。

（4）算法驱动型。

拥有流量的公司通过算法分析用户行为，以流量分发驱动价值再造的策略，例如今日头条及蚂蚁金服等众多金融科技型小贷公司等。

#### 6. 创新驱动模型

创新是社会经济发展的第一活力来源。

对于公司来说，产品创新的成功率非常低。尼尔森公司《突破创新报告》中评估了 2 万多种新产品，其中只有 92 种在市场获得了成功，按其标准来说，总体成功率不到 0.5%。从市场竞争效用性来看，产品创新的方式有颠覆式创新、渐进式创新与追随式创新等。

公司创新驱动策略需要站在整体经营的视角来看，创新驱动模型主要有以下 4 个分型。

（1）要素驱动型。

要素驱动的创新包含单一要素的创新和多要素联动的创新。单一要素指对公司的某一个功能模块实施创新，如技术创新、营销创新、服务创新等；多要素联动指对影响公司经营效能的多个功能模块实施联动创新，如技术 + 产品创新、技术+市场推广创新、股权激励+组织管理创新等。

（2）模式驱动型。

模式驱动的创新通常指公司的商业模式、盈利模式及相关模式等的创新。

商业模式创新有两种方式：一种是重新定义常态化的商业运行逻辑，重塑市场格局，改变产业价值链的结构，如苹果手机重新定义了手机行业，亚马逊重新定义了全球图书零售市场，蚂蚁金服重新定义了国内的小贷金融服务市场；另一种是创造全新的商业定义，开辟出原来不存在的市场空间。例如 WeWork 共享办公室开创了一种新的办公租赁的市场空间，ofo 共享单车开创了全新的自行车出行市场空间，二者也是产品全新品类的开创者。

盈利模式创新也有两种方式：一种是在不改变原有商业形态的情况下，公司创新业务运行方式，产生新的收入方式，实现内在价值链的重构，进而影响市场的发展。如瑞典老牌的利乐公司创新业务开展方式，将灌装机和包装材料捆绑在一起销售，通过降低客户购买设备的资金门槛，只要预付 20% 就能获得其使用权，但要求必须使用利乐的包装材料，实现耗材的长期盈利。另一种是在新的商业形态下产生的新的业务运营体系，这种方式承续上述商业模式创新中的第二种方式（创造全新的商业定义），如美国安利公司的直销方式。

（3）文化驱动型。

文化驱动的创新大体包括公司组织文化、物质文化与内容创新。

公司组织文化的创新，包括公司发展理念、价值观、组织管理与制度等方面的创新。典型案例如韩都衣舍“三人小组制”的组织管理创新，由此引发公司组织文化的整体变革。

人类文明的传承，是从不同民族使用的工具、建筑、艺术、宗教及文字书籍等物质文化中得以识别并延续下来。企业的物质文化特指以物质为载体的可识别场景表达。通过消费场景、活动场景、经营场景等体系化场景中的物质构成、器具造型及综合元素设计，呈现公司物质文化的一致性表达，以固化的外形传承表达，形成可持久的品牌特征记忆。物质文化的形成大多为具有历史传承的老字号及物质文化体系特征明显的连锁企业等，如东来顺火锅，其物质文化的构成包括店面的古建筑风格、摆台、火锅餐具、涮羊肉、酱料及口味等，历经百年传承而不负其盛名。此外，还有高端的瑜伽培训及艺术类经营场所等，也可以打造具有物质文化特征的商业表达。

内容创新主要集中在如影视、游戏、娱乐、新媒体、出版、教育与知识付费等领域或文化氛围比较浓厚的领域，虽各有不同的产业属性，但其核心是题材差异，还涉及内容的表现形式、受众的感官倾向、付费习惯及意愿的差异等。典型案例如电影类的《战狼》，游戏类的“王者荣耀”，娱乐类的“奇葩说”，教育与知识付费类的“得到”与“混沌”等。

（4）周期驱动型。

从自然界一年四季循环的周期，到人的生理与生命周期，以及经济运行周期、股市波动周期、产业发展周期、技术变革周期、产品生命周期、流行周期……我们生活的世界到处都充斥着周期的力量。周期是对事物发展规律性的呈现，如何识别并利用周期运行的力量，用于指导公司经营的创新行为，我们还需多方面的探索。

7. 资源共利模型

资源共利模型一般作为公司利润辅线模型，因为资源本身不创造价值，必须施加人的行为才能实现其价值归属，并且需要与公司的经营战略及战术需要相匹配，才能产生相应的价值。根据资源的不同存在状态及其运用价值，资源共利策略可参照的主要有以下 4 个分型。

（1）知识型。

以个人感悟、经验、技术或专业化的知识体系给企业带来价值，包括咨询、顾问、教育培训、宗教活动等。

（2）数据型。

涉及政府监管数据、公共数据、商业数据及私密性数据等。与企业经营相关的数据策略包括政策导向、社会经济、产业发展、技术趋势、市场竞争、用户需求与行为分析等不同专业模块的数据分析、处理、挖掘、应用、归纳与结论共享，以及为企业提供解决问题的策略或方案，包括咨询公司、软件公司、研究院、社团组织、大数据实验室，以及各类研究机构等提供的数据方案。

（3）关系型。

通过个人之间、个人与群体之间以及个人与国家之间的关系资源，为企业带来法理许可范围内的商业价值，包括私人关系、经济关系、法律关系、政治关系及宗教关系等资源。

（4）势能型。

通过社会知名人士、专家学者及意见领袖、商业及政界领导人，各类媒体、各行业上市公司、头部企业、商业连锁企业、行业资源性组织、国际性组织、政府机构与非营利组织等拥有的重要的社会影响力地位，为企业资源整合提供关键性的帮助，从而实现巨大的商业价值。

8. 资本促动模型

资本促动模型通常只能用作公司的利润辅线模型，因为资本自身不创造价值，其价值需要依托所投资的对象而产生。资本处在商业价值链的顶端，影响力是自上而下的，通过投资所筛选的优质项目和各界精英力量协作，可以不断带来可持续的增值效益。这里所谈的资本并非广义上延展的，而是特指以资本市场为背景的股权投资交易行为。

（1）工具型。

所有的工具都是为目的服务的。工具的作用是提高效率，解决问题，通过恰当的工具使用来延伸自己的能力圈边界，为项目创造有利的可投资场景，从而实现融资的目的。这里的工具使用包括对人与事物的编排。

大部分情况下，工具型策略的资本运作相对比较隐晦，目的有好、有坏，不一而足。有些是借助信息的不对称性实施工具型策略，从符合法律、上市流程规范以及其真实性等方面看都是没有问题的，比如在一些融资能力极为有限的海外证券交易所上市，以此为融资工具吸引国内的业余买家入场参与股权投资等，大多是投资即套牢。也有个别极端的案例，如 2022 年 3 月厦门有公司竟然伪造港股上市的现场仪式，作为资本运作的工具使用，这是公然造假的低级行为。

（2）重构型。

这是基于价值链重构的新资本策略。根据不同的项目公司的价值存在特征，采取不同的资本运作手段，通过参股、并购等方式掌握产业链、价值链或生态链的多个关键环节，对高价值环节形成整合效应，以此阻止竞争对手或限制其扩张能力，从而获取最大的商业收益。

价值链重构需要以公司现有价值的基本面作为支撑，设计股权融资的路线图，通过对公司价值的发现、重构、放大与加速，推动公司价值创造的行为符合资本市场及股权投资市场的规范性要求，从而打开正确的、可持续的融资进程。

对于股权融资项目来说，创业者可以根据公司发展的不同阶段、公司价值的构成质量以及投资机构的参与程度，按股权融资的优先需求采取有效的策略，包括时间优先、资源优先、金额优先与比例优先等融资策略，实现公司不同阶段的融资目标。

（3）收缩型。

当外部经济环境变化，产业处于衰退期或其他影响公司战略发展的不利因素出现时，企业需要重新调整资源分配的合理性，提高竞争力并规避可能出现的风险，因而采取资本收缩型策略。其方式主要包括：分拆上市、企业分立、股份回购、股权转让、资产剥离、项目或企业清算、企业撤立等。

（4）扩张型。

当外部经济环境变化，产业处于快速发展时期，企业经营业绩形势乐观且能力圈构成可以支撑进一步的市场扩张，或者出现其他战略发展的重大利好因素时，企业采取资本扩张策略，通过内部增资、股权融资、兼并和收购，以及资本杠杆撬动等方式，扩大企业的资本规模，推动公司价值的最大化。

资本扩张策略可分为：垂直扩张、横向扩张与混合扩张等三种类型。

# 第 6 章 盈利点分布

## 6.1 经营分裂症

许多公司普遍存在“思考向左，收入在右”的现状，想做的事与现有产品收入的结构不在同一个方向上，也就是说，战略期望与收入现实的夹角比较大。我们把这种现象称为经营分裂症。经营分裂症的轻重程度，由夹角的大小决定，夹角越大症状越严重。

绝大部分的创业者在经营企业的过程中，都会接触到越来越多的资源，从而认为自己找到了新的业务方向，或是觉得发现了新的机会；当企业遭遇业务困境时，便会不自觉地寻求更容易、更快的业务收入途径，从而忘记了战略的出发点，这是产生经营分裂症的主要原因。

**现实与梦中情人之间，总是缺一条摆渡的船。**

经营分裂症状严重的公司，其业务通常多而不精，未来方向不清晰，因而大多是不值钱的公司。如果不能妥善地处理分裂症的问题，伴随公司业务的发展，战略期望与现实之间的夹角会逐渐变大。随着时间的推移，经营分裂症将会深层影响创业者的经营思维，使其在决策时无意识地左右摇摆，容易产生患得患失的心理、朝令夕改的举动以及随意投资的行为等。如此，公司必定会出现方向迷茫、增长缓慢、原地踏步、退步，甚至衰亡等后果。

一般来说，战略定义与利润主线界定清晰的公司，基本上是不会出现经营分裂症的。

## 6.2 减法

盲目热衷于多元化发展的公司极少能够基业长青，即使曾经立在潮头上，如今也是有的淡出了历史的舞台，有的正陷于巨大的困境中，绝大部分甚至没有机会让更多的人知道就已成为“明日黄花”。

### 专注于一

所谓“三百六十行，行行出状元”。

纵观那些百年老店，都是汇聚几代人的持续努力，专注一个方向，打造领先的产品优势，逐渐积淀口碑才形成品牌领先优势，故而能够穿透时间的洪流走到现在。例如，北京的同仁堂药店、六必居酱菜，上海的老凤祥银楼，福州的聚春园佛跳墙等。

同样地，现代声名显赫的企业大都是先专注于一，才能快速抓住时代的机会迅猛做大，同时不断夯实主营体系的管理能力并升级公司的能力圈，借助资本的力量实现跨越式发展。

每一个创业者伴随公司由小到大的发展历程，都在创建一个由简单到复杂，再到高难度的经营管理系统，从外到内要涉及许多不同的专业体系。对外包括产品销售、市场推广、品牌建设、客户服务、供应商管理、公共关系处理及收并购投资等；对内包括战略、企业文化、目标管理、人力资源、财务、法律、技术研发以及合伙人关系等。有大量超出个人认知与能力圈范围的事物会出现在视野之中，如果创始人及其团队不够强大且运行机制不成熟，一旦产品或业务线扩展太快，必然会削弱核心业务的力量，导致管理走向散乱与低效，公司衰败的可能性就非常高。如若公司能够专注于一个细分领域，其战略定义与业务逻辑就会变得相对简单，有利于集中优势力量快速打造组织的整体效能，提高创业成功的概率，即使不慎出现战略性的问题，也可以快速转型。

所以，企业在规模较小的时候更要懂得聚焦，队伍人数本来就少，更不宜分兵进击，需要在既定的方向上积淀足够的专业人才，培养强大的业务体系与组织管理能力，才是实现突破的唯一出路，否则容易陷入经营分裂症的泥塘中难以自拔。

当公司的业务线变成大杂烩，或陷入多元化运营出现明显的滞胀边界时，就必须有做减法的决心和行动，否则“当断不断必受其乱”。

企业做减法需要从两个维度考虑：一是全局性的战略维度，二是内部管理的策略维度。关于内部管理的维度，有诸多管理方面的书籍可以借鉴。我们重点关注一下全局性的战略减法。

从全局性的维度出发，首先要对公司的战略定义进行诊断与梳理，明确其是否真正符合产业发展的趋势；战略有没有在落地过程中出现偏移；团队能力圈在哪些方面存在不足。其次是方法论，要明确公司的战略定义与利润主线之间是否匹配，以及该采用哪些方法让企业减出效能，跨越当前所面临的大杂烩局面或多元化鸿沟，实现可持续成长。

当公司确定需要从全局性的维度实施战略减法时，T 形减法，如图 6-1 所示，可以提供垂直减法与横向减法两种思考方向。

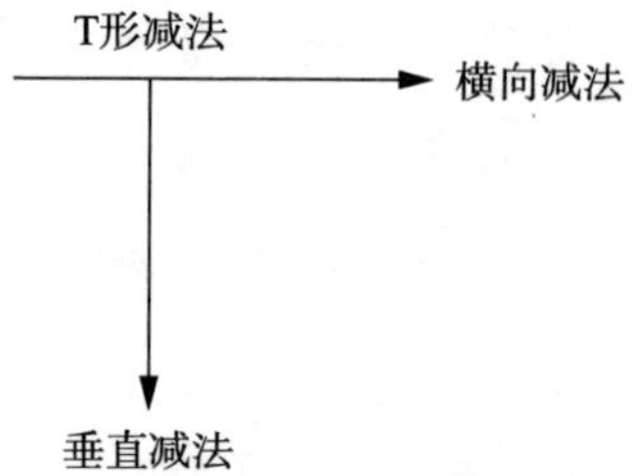


**图 6-1　T 形减法**

**垂直减法**以单一产业为背景重构公司的价值链，通过对业务及利润体系的重新梳理，将公司涉足的产业或产品数量减到最少，归结到足以代表产业制高点意义的单一要素。经典案例如下。

①万科集团。万科前期实行的是典型的多元化发展战略，拥有贸易、房地产、工业、文化传播及投资等多个板块，涉及十多个行业，包括进出口贸易、零售、股权投资、影视、广告、印刷、工业制造、饮料、服装、电气工程、通信设备生产、汽车制造、高新技术开发、能源、水产养殖等。可以说什么赚钱做什么。自 1994 年起，万科确立了房地产的战略主线，然后逐渐砍掉其他业务，聚焦房地产垂直领域的细分市场——住宅地产，走向专业化与精细化的发展之路。10 年后，万科成为国内住宅地产的头部企业，并长期占据榜首位置直至现在。

②徐州海伦哲专用车辆股份有限公司。公司前期凭借研发与创新实力开发生产了四五十种产品，后因经营不善

在 2006 年，因欠银行 5000 万元贷款，被法院查封。之后公司在资本思维的指导下，开始做垂直减法，重新定义细分市场，将产品精减到仅剩 1 个。一个具有全球性的行业技术领先特征的优势产品——高空作业车。之后，基于价值链重构的公司战略与营销落地策略，公司实现了困境反转，同时通过股权融资设计获得两轮 PE 投资共 7100 万元，奠定了进一步发展的基石，5 年后登陆国内创业板成为上市公司。

**横向减法**以单一效用为背景，架构横跨不同领域或产业的单一产品所带来的公司价值链体系。通过分析不同领域业务线上的产品效力表现，重新梳理制定产品战略与利润主线策略，在明确中心焦点的基础上，将现有产品减到最少，甚至减到仅剩 1 个，归结到具有破局点意义的单一要素上。经典案例如下。

①北京用友政务软件股份有限公司，是用友软件集团旗下第二大控股公司。在进入政务领域初期就陆续上马了 OA（办公自动化软件）、审批、财政、审计等 5 条电子政务的单项产品线，但各项专业化服务与维护能力却无法支撑公司的运营，导致有交付却难以收到货款，公司发展停滞不前。此后，集团高层通过深入市场考察分析后做出战略收缩的决定，缩减公司业务线砍掉 OA、审批等业务，聚焦于财政信息化，重新制定公司的产品战略。做完减法

后，公司业绩不减反增，从亏损的困境中脱离出来实现破局，使公司最终成为财政软件领域的领导者。

②欧诗漫控股集团有限公司的成立时间超过 50 年，目前是全球最大的珍珠深加工产业化公司，其珍珠系列化妆品的市场份额位居全国第一。公司创始人在 1967 年就开始研究人工淡水珍珠养殖技术，并培育出中国近代首颗人工养殖的淡水珍珠。在 2000 年前后，公司除珍珠化妆品主业外，还涉足酒店、药厂和耐火材料等多元化产业，分散了主业的经营力量，公司连续几年的销售额均在 4 亿元左右徘徊。2004 年，公司董事会决定做战略减法，砍掉与珍珠无关的所有业务，专注于珍珠深加工技术（目前已拥有 89 项发明专利）实现破局，以珍珠的效用为单一要素，横向拓宽与此强关联的系列产品研发、设计和生产制造等高附加值领域，包括化妆品、保健品以及珠宝首饰等。

## 6.3 盈利点分布

所有的产品，归根结底都是为满足目标市场的需求而生。不同的目标市场竞争策略会有本质上的区别，产品设计必须具有针对性与足够的领先优势，才能在市场上立足并制胜。

每一个产品的盈利能力，代表公司的一个盈利点。

所谓的盈利点分布（见图 6-2），是指对公司现有产品进行结构性的区间调整或重新布局，使公司当前及未来的产品结构分布既符合战略定义的要求，又能满足可持续增长的盈利要求。

盈利点分布可分为被动性分布与主动性分布两种。

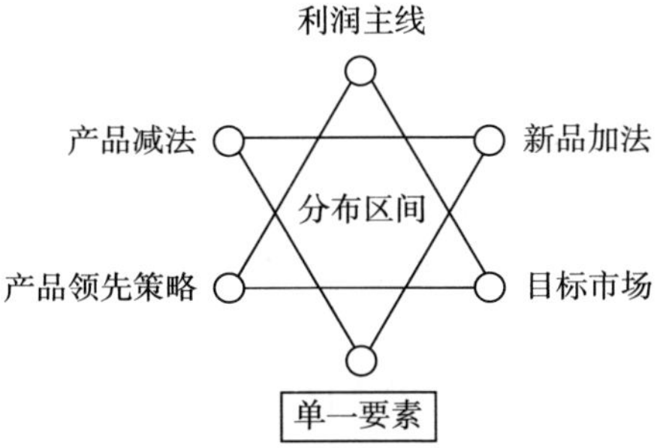


**图 6-2 盈利点分布**

由图 6-2 可知，盈利点分布的图形由一个正三角形与一个倒三角形叠加而成，中间交叉部分形成一个六角形区域，这就是盈利点的分布区间，它要同时满足两个叠加三角形的六大要求。

正三角形的部分，我们称为策略三角，如图 6-3 所示，是由利润主线、产品领先策略与目标市场三大策略构成。

（1）利润主线，是指引盈利点分布的策略方向。

（2）产品领先策略，是确定具有领先优势的盈利点所在。

（3）目标市场，是公司业务的出发点，最终经产品盈利效率和客户盈利效率交叉验证，得出适合公司的最佳盈利点分布结论。

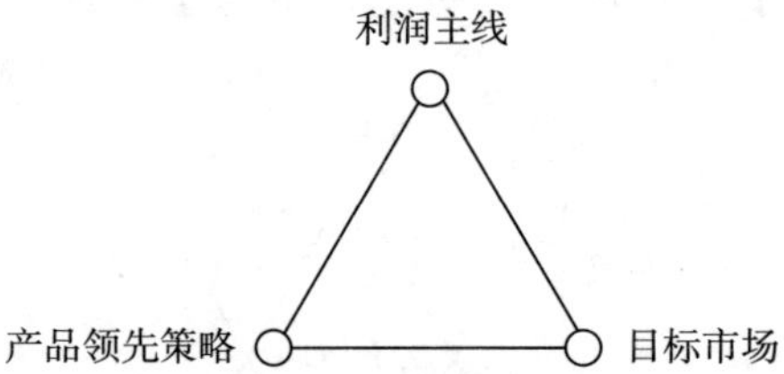


**图 6-3 策略三角**

倒三角形的部分，我们称为行动三角（见图 6-4），是由单一要素、产品减法和新品加法三大落地法则构成。

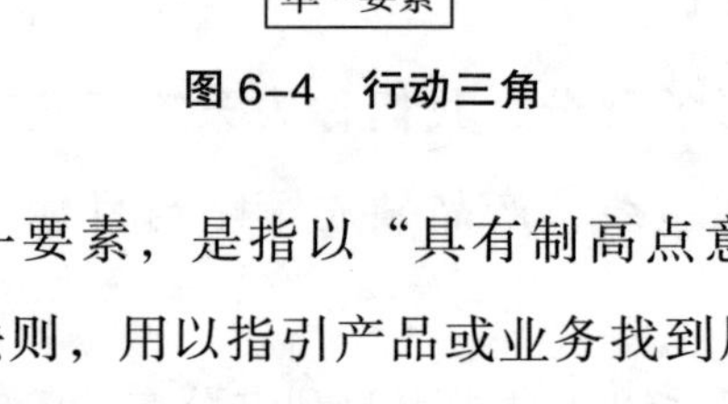


**图 6-4 行动三角**

（1）单一要素，是指以“具有制高点意义的单一要素”为指导法则，用以指引产品或业务找到属于自己的产业先进性或领先优势。

（2）产品减法，是指围绕“单一要素法则”做减法落地，先将公司产品或业务线减到仅剩 1，以实现专注于一。

（3）新品加法，是指在“单一要素法则”的指导下，同时围绕产品减法的法则所得到的“1”，进行新产品研发设计，遵循“设想—验证—定型”的落地逻辑做产品加法，通过市场验证进行新产品布局，有序增加公司的盈利点分布。

## 被动性分布

**被动性分布**是指当前盈利点分布的原始状态，由公司现有产品在市场上的业绩表现构成，主要包括产品盈利效率和客户盈利效率的现存状态分布。可根据产品盈利效率和客户盈利效率的不同状态表现，实施有针对性的加减策略，便可持续提高公司整体的盈利水平。

根据产品盈利效率的现状调整公司的盈利点分布，可参照著名的波士顿矩阵（见图 6-5），通过对现有产品的市场占有率与市场增长率两个关键要素组合进行分析梳理，将公司业务分成四类：明星业务、“金牛”业务、“瘦狗”业务和问题业务。

明星业务显然具有最优质的盈利效率，是公司盈利成长的重心所在；“金牛”业务具有成熟期的产品属性，是公司盈利点的基本盘；“瘦狗”业务则是做减法的关注对象；问题业务则需要在诊断分析后进行产品属性改造或调整，重新定义产品的领先策略，是盈利效率增长潜力的观察对象。

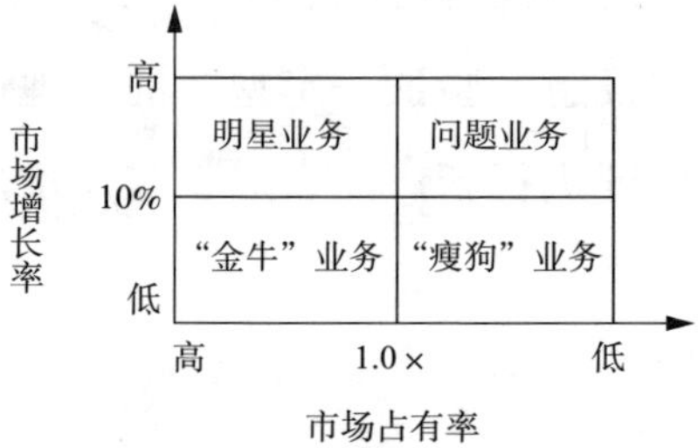


**图 6–5　波士顿矩阵**

根据客户盈利效率的现状调整公司的盈利点分布，可参照麦肯锡客户盈利性矩阵（见图 6–6），通过对公司不同客户的平均净收益和平均服务成本两个关键要素组合进行分析，预测并区分不同类别客户的盈利效率，由此发现最有盈利性的目标客户群，然后集中力量扩大盈利规模。

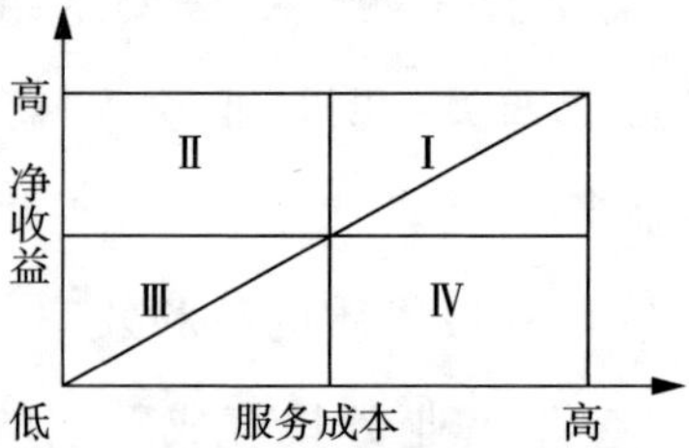


**图 6–6　客户盈利性矩阵**

客户盈利性矩阵图将公司客户分为 4 类：富有主顾；被动买主；廉价商品部；主动买主。图 6-6 中处于对角线上方的客户，是公司需要重点关注的盈利效率比较高的客户。被动买主，显然是最有盈利效率的群体，是公司首要关注的盈利重点；富有主顾与廉价商品部，则是盈利效率增长的潜力群体，需要提高客户的购买黏性，并对服务成本的结构进行分析，控制关键环节，提高标准化服务的可能性以降低成本，同时通过产品的品类分化策略，推出有针对性的产品引导客户移动到Ⅱ区；主动买主，是做减法的关注对象。

## 主动性分布

**主动性分布**有两种情形：一种是从被动性分布状态中察觉到市场的趋势性走向，主动进行战略反思并调整盈利点分布的当前格局，这也是大部分公司愿意采取的一种较为稳健的策略；另一种情形则是在颠覆性战略重构的背景下，公司领导人发现新市场隐藏着利润洼地或者认为原有市场已经完全没有潜力，并且确定公司的能力圈可以支撑转型的落地行动，因而抛弃原有业务转向构建新的盈利体系。当然，这种情况所要承受的风险比较大。

# 利润塔应用

PART 3

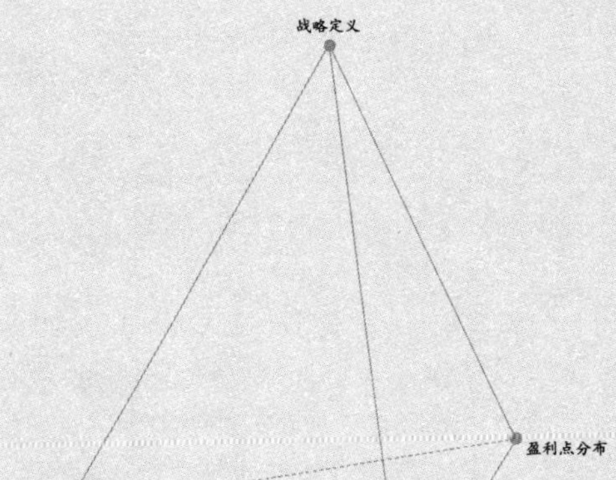

# 第 7 章 如何应用利润塔重构价值

## 7.1 升级盈利模式

通过利润模型的策略应用，可以优化企业现有的盈利模式并大幅提升盈利效率，或者对当前的盈利模式进行创造性的重构，得到科学的真正属于自己的盈利模式。

### 利润模型

利润塔的底层基石是利润模型。

利润模型是盈利策略应用的思维工具。其特指与企业战略定义相匹配的，用以提升盈利效率的标准化策略组合，主要包括能力圈构成、利润主线界定与盈利点分布三大要素，是利润塔的底座。

在利润模型中，利润主线界定之后便不能随意变动，是相对固定的静态要素；盈利点分布则是增量型的动态要素，不断从指标优化中生成；能力圈构成的现状是静态要素，但在经营过程中随时间推移会不断发生变化，又是具有较高不确定性的动态要素，其主要与能力圈构成的五大力量要素的圈层变化紧密关联。

## 盈利模式

盈利模式是指**企业获取利润的标准形式**。

每一个企业都存在既有的盈利模式，也就是依托现有的业务运行体系取得营业收入，除去整体运营成本后形成利润结余，可按月、季、年度统计盈利结果，是一个不断循环的价值生成过程。

大部分企业的盈利模式都是关注短、中期利润收益，但卓越的盈利模式是建立在业务大规模化的基础上，以成熟稳定的市场份额或技术领导者地位，占据长期可持续的商业利润空间。在实现这个目标以前，企业可以持续处于不盈利的状态，通常需要机构投资“烧钱”来支撑其运营逻辑。

优秀的盈利模式，可以让人们清晰地看见业务规模化发展的路径，以及企业未来的想象空间；而普通的盈利模式，则很容易看到企业的能力圈边界，很难实现市场的规模化复制与拓展，公司未来的发展不确定性比较大，难以获得专业投资人的关注。

## 升级盈利模式

利润模型不等于盈利模式。

盈利模式是显性存在的运行体系，利润模型则是隐性存在的思维工具。

许多公司在盈利模式的设计上，经常面临长时间漫无边际的摸索过程，很容易因为不恰当的案例借用给自己挖下陷阱。不同企业的成功都具有一定的偶然性，也都隐藏着不为人知的历史发展现实，随便模仿很有可能会掉入人家的坑里去。

应用利润塔的利润模型升级盈利模式的基本次序如下。

（1）利润主线界定。根据战略定义的产业属性、公司当前的产品属性，以及公司现阶段的业务能力，选定相匹配的一个利润主线模型。

（2）盈利点分布。根据当前的产品盈利效率、客户盈利效率与现金流管理效率的现状，梳理出符合利润主线路径的主力产品或项目，提炼其盈利规律，再指导盈利点分布做加法；或者研发具有针对性的产品投放目标市场，在市场验证过程中提升其盈利效率，形成模式化，然后进行增量分布。

（3）能力圈构成。根据利润主线及盈利点分布的要求，调整能力圈结构并拟订成长计划，先构建稳定的运行能力基础，再定向升级提高整体获利能力。

经由以上 3 个步骤，再有针对性地强化营销力，可得到一个可操作的属于自己的盈利模式，而不是靠借鉴、模仿或是猜想得出的理论结果。

### 可持续盈利路线

绝大部分创业者是凭借本能、直觉、经验来思考自己的盈利模式的，这也是为什么国内企业的平均寿命只有 2.9 年的根本原因。

从自发盈利到有序盈利，再到可持续盈利的盈利路线，是一个具有实战性的逻辑挑战，除非是经历了多次成败的连续创业者，否则一般的创业者很难在有限的时间与空间里实现专业化层面的跨越，大都还未醒悟过来就已经倒下了。利润塔的系统思维工具，可为中小企业的创业者提供一个新的实战应用工具，有助于减少摸索的时间。

## 7.2 新商业模式

新商业模式的核心是重构价值链运行体系，包括产业价值链与公司内在价值链。重构不是完全的颠覆，而是一种优化与升级，化解企业价值生成的某些障碍环节或进行要素的组合升级，以提高企业价值创造的整体效率。

许多伟大的商业成就，大都起源于创始人的一个创意或想法，这带有某种偶然性。不过，从偶然成为必然，则要经历千锤百炼的考验。

那些成功的商业模式，被人摆在案头津津乐道，人们看到的大多是时间沉淀下来的表象概述，仅适用于开阔视野。大部分情况下，中小企业简单仿照已功成名就的典型案例的做法是行不通的。

## 价值链

管理大师迈克尔·波特认为："每一个企业都是在设计、生产、销售、发送和辅助其产品的过程中进行种种活动的集合体。所有这些活动可以用一个价值链来表明。"企业的价值创造主要由基本活动和辅助活动构成。基本活动包括内部后勤、生产作业、外部后勤、市场和销售、服务等；辅助活动则包括采购、技术开发、人力资源管理和企业基础设施等。这些虽不相同却相互关联的生产经营活动，构成了一个创造价值的动态过程，即价值链。

波特指出，企业与企业的竞争，不只是某个环节的竞争，而是整个价值链的竞争，而且整个价值链的综合竞争力决定了企业的竞争力。

## 重构价值链

产业价值链是指产业链的上、下游，如原料供应、产品生产与终端销售等产生不同价值的环节，按其业务运行方式会有很大差别，会形成各自不同的价值运行逻辑。我们需要通过分析产业价值链上、下游各环节的价值结构与变迁趋势，区分不同环节价值活动的重要性次序，从产业层面出发，为公司寻找未来拥有更高价值的成长空间，构建适合自己的内在价值链运行体系。

好的商业模式是以产业价值链为背景，对公司内在价值链运行体系进行优化与进化，可以从价值的起点、运行逻辑与商业结果三方面简要说明。

### 1. 价值起点

不同的产业，其属性及细分领域也大有不同，如农业、制造业、零售业、娱乐业等产业，其价值创造活动所带来的现金流、利润与经营收入方式会有很大的不同，因而对公司的能力圈构成也会有不一样的要求。

产品是公司所有价值创造活动的起点，优秀商业模式的价值起点则来自定位清晰、适合自己的产品领先策略。

### 2. 运行逻辑

从价值起点启动公司经营行为，围绕“可持续规模化的价值创造”这一命题展开内在价值链的运行逻辑，其中两个关键词是“可持续性”和“规模化”。

对于可持续性，从长远来看，需要依靠盈利性的现金创造能力支撑。这需要以公司当前的盈利模式为基础，应用利润模型对其进行升级或重构，增强公司面向产业未来发展的盈利能力及其可持续性。

对于规模化，则要借助资本的力量，最大程度地实现公司价值的规模化加速，这就要求我们必须遵循符合资本逻辑的思维流程进行有序的盈利性价值创造活动，避免盲目规模化的风险。

符合资本逻辑的**思维流程**，其重要支点是“最小经济单元”的样板打造，准确地说，是可进行规模化复制的“标准化经营单元范本”，即公司能力圈足以支撑的最优单体样本，也是专业投资人关注的焦点。

打造公司最小经营单元的思维流程有以下 3 个步骤。

（1）0~1 的阶段。

0~1 的阶段需要践行“**设想—验证—定型**”的实践逻辑，直到经营单元实现所设定的运营目标或盈利指标。在这个过程中，有的要经历几年痛苦的失败轮回后，才有可能得到初始的样本 Demo1。据统计，一家创业公司平均至少需要 18 个月才能找到属于自己的可靠模型（Demo1 就是单元样板的初始线条呈现）。

（2）1~10~100 的阶段。

这一阶段需要践行“**优化—固化**”的运行逻辑。

分解来看，在 1~10 的过程中，解析初始 Demo1 获得成功的偶然性与必然性因素，精简其中每一项工作流程，进行标准化提炼优化，为规模化运营提供更为高效的流程设计，找出可能导致失控的环节，测试组织管理的薄弱环节。

在 10~100 的小规模放大过程中，为进一步地快速规模化放大做准备，包括体系管理、人才、资金与资源等。

该阶段是关键阶段，通过小批量复制观察、分析其失败与成功的行程，沉淀出最稳定的工作流程构成要素，保留符合公司价值观的必要工作环节，对经营单元的效能模型进行固化，定义出 Demo2。至此完成规模化复制的基础，也是公司内在价值链 DNA 的成形阶段。

（3）正式 D–N 的规模化复制阶段。

这个阶段，是指公司进入以 Demo2 为标准化样板进行快速规模化复制的扩张时期。在这个阶段，公司的成长逻辑已经被充分验证，是风险投资介入的最好时期，并且公司的估值也会有很好的表现。

不过，为预防同业竞争的潜在风险，这一时期需要探索样板“**进化**”的可能性，以应对有可能到来的市场抄袭行为。

在上述思维流程中，贯穿两条具有递进关系的基本逻辑线：一条是“设想—验证—定型”的实践逻辑线；另一条是“优化—固化—进化”的运行升级逻辑线。

### 3. 商业结果

每一家公司商业模式的背后都有一个“你想改变什么”的意志在起作用，改变愿景越大，可能成就的商业结果就会越大。当然，仅凭借空想是没有用的，商业结果是公司在战略方向上持续推进的产物。

从改变自己开始，立足自身擅长的领域，梳理公司内在价值创造重要环节的效能改善，即内在价值链运行效能，提升现金流的创造能力，增强公司的核心竞争力，这是公司成功经营的结果。

当公司站稳脚跟后，要想获得更大的成功，就必须洞察行业的未来发展趋势，寻找更高价值的成长空间，基于公司的核心竞争力，努力在战略定义的方向上取得某一方面的制高点优势，如原料上的成本优势、技术上的发明专利等，以此重建公司内在价值链环节的重要次序，进而对产业价值链的某一运行环节施加决定性的影响或取得一定的定价话语权，引领改变行业的格局。

至于改变世界，每一次都是技术变革驱动商业结果所带来的。

商业模式的形成是一个自然推演的过程，而不是一蹴而就的设计。

一家成功的公司，并不一定非要有特别出众的商业模式。全球数万家的上市公司中，真正因创造了独特商业模式而成功的公司只是少数。

现如今，绝大部分成功的公司最初学会的都是如何盯准客户，拿出有竞争力的产品从残酷的市场中生存下来。所谓的商业模式，都是在日复一日、年复一年的业务运行活动中，在不断推动公司系统优化、培植自身实力、走向规模化价值创造的过程中积淀而成的。

推演商业模式的作用，是让公司尽可能少走弯路，尽可能用同样的努力实现更好的商业结果，抵达不一样的高度。

关于新商业模式，首先，要以公司业务运行的收支闭环，即当前的盈利模式为基础；其次，从产业逻辑的整体视角展开，找到属于自己的高价值成长空间；最后，为占领目标空间，构建未来型的价值链解决方案。

由此，新商业模式的定义可归结为：**以公司当前的盈利模式为基础，为实现更高价值的成长空间，构建面向产业未来的价值链运行体系。**

## 价值根基

公司的价值创造活动总的来说，由产生现金流、利润与经营收入 3 个部分构成，其中最重要的是现金流创造与管理，构成了商业模式的价值根基。

正所谓“巧妇难为无米之炊”，我们都知道现金流的重要性，一家账面亏损的公司并不一定会死，只要经营性的净现金流持续为正，就仍有发展的潜力。但如果公司的现金流持续枯竭下去，哪怕账面上的利润很高也无济于事。

现金流可分为内生性与外源性两种。

内生性的现金流是指公司通过内在的业务经营活动创造现金流，一方面增加现金流，如押金、订单预收款、产品销售款、供应商资金占用、品牌及专利授权收益、交易体系等带来的可用流动资金；另一方面，通过提高组织管理能力降低现金流消耗，如减少库存、降低运营成本、提高生产效率等。结合这两个方面的一系列经营行为提高公司现金流规模。

外源性现金流则是指利用公司的资产、资源或资本价值获取外部资金，如资产出售与联营、战略性资源合作、公司上市、股权融资、债权融资等外部的资本运作增加现金流。

充足的现金流为公司的价值创造活动提供了可持续的保障。现金流的增量能力从长远来看，要以公司的盈利性现金创造能力为基础支撑，否则不可持续。

本质上，公司价值的成长空间及其可持续性，是由公司的现金流规模所决定。因而，商业模式的层次大体可划分为：

一流的商业模式，看未来的现金流规模；

二流的商业模式，看未来的利润规模；

三流的商业模式，看营收规模。

## 利润塔推演新商业模式

前文中，我们将新商业模式定义为以公司当前的盈利模式为基础，为实现更高价值的成长空间，构建面向产业未来的价值链运行体系。

新商业模式的形成，可由构成利润塔的4个必然要素包括战略定义、能力圈构成、利润主线界定与盈利点分布的交叉推演而得。

通过利润塔的基石——利润模型（包括能力圈构成、利润主线界定与盈利点分布）的策略应用，可优化企业现有的盈利模式并大幅提升盈利效率，或者对当前的盈利模式进行创造性的重构，得到科学的真正属于自己的盈利模式。

通过战略定义明确方向，能力圈构成决定当前有能力做的事，利润主线界定路径的取舍让公司集中优势力量，确保行走在正确的方向上，做自己有能力做的事，攻占公司重新定义的高价值目标市场。

公司围绕以“客户价值”为前端的利润主线布局，通过运行体系“管理价值”的后端效率加成，在面向产业未来的战略定义指向上，呈现公司具有可持续规模化的运营能力，奠定商业模式从整体构想到战略落地的可实现运行，取得资本价值上的巨大跨越。

总之，应用利润塔推演一流的新商业模式，是以现金流创造为导向，为达成“未来在资本市场上有想象空间”的产业战略目标，建立公司内在价值链的中心秩序（见图 7–1），并以此指导内在价值链各主要环节拆解成更小的颗粒环节，进一步梳理颗粒环节的价值组成要素，从而有效管控价值创造环节的全流程，通过体系化管理能力提升公司的盈利规模与盈利效率，以实现更高价值的成长空间。

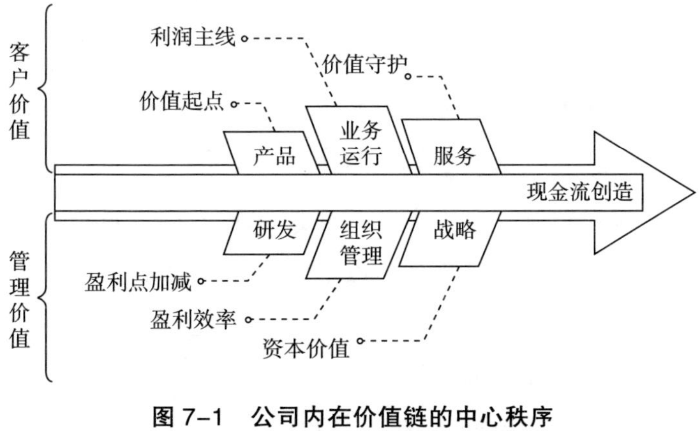


**图 7–1　公司内在价值链的中心秩序**

在全球资本市场上，能持续占据庞大现金流规模的商业模式，有极大概率成为独角兽类型以上的高市值公司。特别是那些千亿，甚至是万亿市值规模以上的头部公司。比较典型的有互联网平台类、金融科技类、大型终端连锁类、全产业链运营类等天然占据现金流入口或上游环节的项目公司，还有那些市场体量巨大的超级赛道，如新能源、产业数字化等，也能培育出高市值的公司。

通过预见公司的商业模式在市场成熟期可实现的持续现金流规模，以及公司运行体系将对整条产业链交易性现金流带来的影响力规模，可预测公司未来可能存在的巨大商业价值潜力。

## 中小企业打造商业模式的三大基本要求

中小企业自身实力普遍不够强大，在正常情况下，其发展周期较长，未来的不确定性也相对较大，如若无法构建独特的或更高价值的新商业模式，就不能通过资本力量的投放让其拥有快速成长的极大潜力，那么项目的投资价值将会大大降低。对于大部分中小企业来说，打造一个有吸引力的商业模式需要满足以下三项基本要求：

- 聚：足够聚焦。
- 简：足够简单。
- 能：足够的目标实现能力。

1. 聚：足够聚焦

中小企业要足够聚焦，只有专注于某一条细分赛道，才有可能实现业绩的快速成长，让公司具有市场穿透力，从而变得更有价值。如果企业本身实力还不够强大，想做的事情又多，再兵分多处，使有限的时间、人才、资金等资源被稀释，公司如何能快速发展壮大呢？

绝大部分中小企业不值钱的原因无非是：杂而不专、大而不精、精而不优。无法成为行业内数一数二的公司，或者不具有独特的市场价值，难以产生真正的投资价值。

2. 简：足够简单

公司的商业逻辑要足够简单，包括盈利模式与商业模式都要简洁且有数据支撑，可让投资者一眼看到未来的价值成长空间。在看似简单的成长逻辑中，构筑不可替代的领先优势及其核心竞争力，逐渐成为细分赛道的领跑者。

有些创业者会把商业模式设计得比较复杂，甚至让人难以理解，这会阻碍公司价值的实现。还有些创业者会有“拐个弯”的战略设想，打算通过一个业务先把目标客户的流量做起来，再通过后续其他产品或服务变现。如此想法，也许在增量时代是可行的，但在存量竞争的背景下，就无异于自寻死路。“拐个弯”运营等于把未来的不确定性放大了数倍，让公司的投资风险剧增。

3. 能：足够的目标实现能力

中小企业的创始团队是否具有目标管理及其实现能力，决定了公司价值能否持续增长，否则所有的商业设计，都只是一句空话。

## 7.3 塔式架构

利润塔通过对必然要素塔式架构的有效梳理，建立起公司运行的中心秩序，重构适合自己的成长基因，让公司在战略定义的方向上集中优势力量取得突破，避免结构性的消耗，指引价值创造的可持续走向。利润塔架构如图7-2所示。

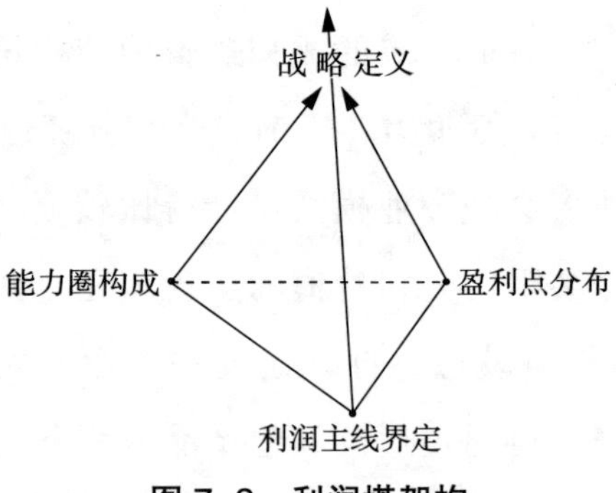


**图 7-2 利润塔架构**

利润塔四大要素的核心要义如下。

（1）战略定义。

处于塔尖位置，指引航向。明确公司边界。明确 1 年、3 年、5 年战略发展目标，设定里程碑。

（2）能力圈构成。

公司战略推进的解题能力，由认知、设计、参与者、行动力与资源五大力量构成，包括个体与集体认知的统合，局部与系统设计的统合，所有参与者力量与资源的统合，公司目标与里程碑达成的行动力统合，创始人的野心与公司成员创业精神的统合等，推动公司成为产业未来的领导者。

（3）利润主线界定。

界定产品领先策略，选择适合自己的利润分型，指导公司选择哪一条路径实现战略发展目标。

（4）盈利点分布。

提升企业盈利效率，实现可持续的价值创造，通过先减后加的方法论，避免经营分裂症以及低效能的运行方式。

## 构建次序

应用利润塔建立公司运行的中心秩序，重构适合自己的成长基因，需要遵循基本的构建次序，如图 7–3 所示。

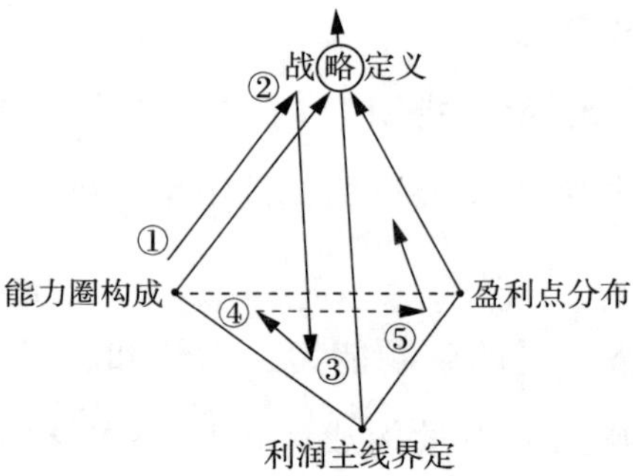


**图 7-3 利润塔构建次序**

利润塔构型以创始人“问心”为起点，最终回到战略的“有果”，实现四大要素的塔式构建。

**① 问心**。创始人及其创始团队的初心与野心是什么？自己的能力优势及劣势是什么？公司实现资本价值的意义又是什么？

通常，情怀深种的奋斗者会有足够的心力坚持下去，而仅仅为了几两碎银的创业者，在中途遭遇挫折时，选择放弃的概率就大多了。

**② 定向**。明确企业 1 年、3 年、5 年的战略发展目标，汇集企业力量朝正确的方向奔跑。

战略定义，就像企业的“生辰八字”一样，决定了业务的市场潜在空间是走向狭长的胡同，还是辽阔的草原，也将决定企业未来在资本市场上的商业想象空间——这个空间由专业投资人决定。许多公司从一开始就选错了战略方向，专心致志地在一个小池塘中浴血奋斗，孰不知自己从一开始就走错了路，与专业投资人站在两个互不相交的位面上。等到后期想要借助资本的力量发展时，才发现这种可能性微乎其微，或者说转型的代价非常昂贵。

③ **选路径**。公司在“定向”后，要选择走哪一条适合自己的路径，需要综合宏观经济、产业属性以及产品的属性判定，可参照利润主线模型库中所提供的不同分型进行选择。打个比方，公司既定的战略方向是去北京，利润主线则表示要从海、陆、空等路径中选择一条适合自己的，然后拟订行程计划。

④ **我能**。通俗地说，就是我有能力走到目的地，在选定的战略方向与路径上持续向前。

公司应统合能力圈构成的五大力量支撑当前的发展规划，实现公司未来 1 年、3 年、5 年战略发展目标。与此同时，公司应通过不断升级团队能力圈构成驱动战略升级更新，为未来的发展储备足够的行动力量。

⑤ **有果**。“有果”是指盈利点分布提升公司盈利成果，使其回到战略定义的方向上，推动公司资本价值的实现。

根据当前业务活动的经营收入结果，分析产品盈利效率、客户盈利效率，以及现金流管理效率，按利润塔的逻辑要求，稳步增加符合盈利点分布要求的产品与项目数量，促使盈利规模持续放大，加速实现商业模式的可见成果，让公司的资本价值得以最大化呈现。

## 成长算式

利润塔构型建成后，为更好地应用于公司经营，还需要对四个必然要素的成长关联性进行简要分析。

其中，有两个必然要素是相对固定的：一是战略定义的方向，若非公司进行战略转型，则基本上不变；二是盈利点分布的规则，通过对产品盈利效率、客户盈利效率与现金流管理效率三个数据进行解析后归结而成，即使可能会有修正，也是相对固定的。

能力圈构成这个必然要素始终是动态的，若要保持向上成长的态势，公司就需要不断维持足够的推动力并形成良好的管理秩序，否则在能力圈构成五大力量的交叉影响下，公司能力圈构成的力量有可能上下浮动。

利润主线界定则是介于动静之间：一方面，当公司界定好利润主线之后，其定位就处于相对固定状态；另一方面，由于利润主线所界定的策略能力会跟随公司能力圈的变化而变化，若公司的能力圈构成向上成长，则利润主线所界定的策略能力也同步向上成长，反之亦然。

因而，利润塔成长趋势图（见图 7-4）就呈现出以能力圈构成为主导的力量推进结构，展现出公司价值的前进方式。

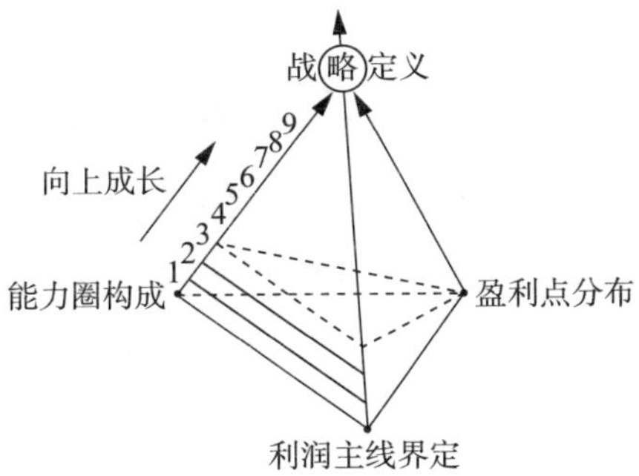


**图 7-4　利润塔成长趋势**

## 7.4　破局点

不同层面的破局点，除了要考虑全局的背景外，最重要的还是要考量企业当前的能力圈构成，特别是人才团队、资金及相关资源的匹配等问题。否则，很容易陷入策略虽很高级，但结果却很低级的境地。

### 破局三环理念

利润塔为公司经营提供了一种全新的理念逻辑，有助于让创业者在经营过程中提高思考效率，从而加快公司的直线成长速度。当公司发展遭遇瓶颈时，可借助破局点，助力公司实现新的跨越。

寻找破局点是一个烧脑的行程。它考验的是创业者与时俱进的认知能力、系统性思维，以及对商业逻辑思考的穿透力。所有突破性策略的实施都与公司的能力圈构成息息相关，再好的破局点如果无法落地，也是枉然。

优秀的企业家把破局点建立在对以下三个主要方面的深度思考上，我们把它称为破局三环，如图 7–5 所示。

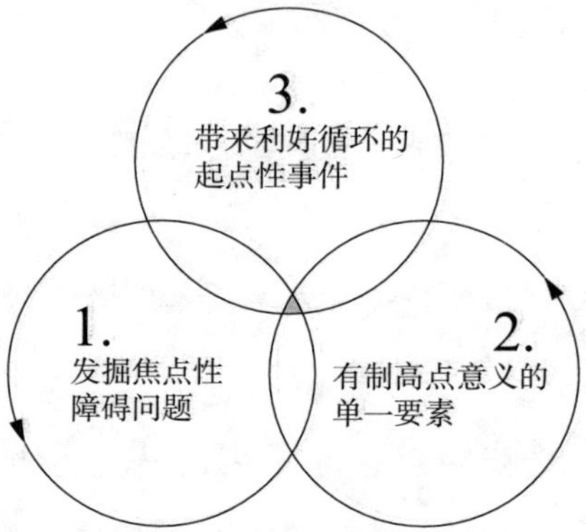


**图 7–5 破局三环**

破局三环是一个相辅相成的递进关系。首先，通过对焦点问题的解析洞察影响全局的单一要素；其次，围绕“如何让单一要素快速成长”这一问题，设计、测试不同的解决方案，直到出现一个能带来利好循环的起点性事件——破局点；最后，集中力量将其有序放大，最终解决发展的障碍，或是利润的突破性增长问题。

## 三个不同维度的破局

我们通过虚拟产品、实体产品及零售连锁企业三个不同领域的案例，从不同维度解析破局三环的逻辑。

1. 虚拟产品领域（以微信支付为例）

2014 年之前，腾讯在支付领域一直无法抗衡阿里巴巴的支付宝，问题在于用户的使用频次过低。

通过分析可以发现，在这一案例中“有制高点意义的单一要素”，即花费用户社交的互动性。微信 APP 本质上是因为用户分享的互动性获得成功的，那么微信支付应采用什么样的解决方案，才能让用户在“金钱”上发生社交互动呢？

当然，微信支付花费了很长时间，做了各种各样的尝试，最后或许是偶然因素触发了“发红包”这个能带来利好循环的起点性事件，焦点问题出现了破解信号，也就是破局点出现了。此后，腾讯团队对“发红包”这个能带来自循环增长的应用进行不断测试、优化，并积蓄力量，借 2015 年春节时机，成功引爆破局点，让中国传统“发红包”的习俗在微信支付上得以实现。

**微信支付的破局三环解析：**

第 1 环：发掘具有焦点性的障碍问题。

问题发掘：用户使用频次低。

应对方法：需通过“头脑风暴”寻找最好的切入点。这时候，需运用第 2 环的条件筛选并发现合适的可能方案。

第 2 环：发现有制高点意义的单一要素。

要素发现：互动性。

满足条件：在用户社交过程中，具有高频互动性的行为。

第 3 环：等待起点性事件出现。

行为思考：与钱有关的互动性 + 传统习俗 = 发红包。

解决方案：如何在虚拟场景下实现“发红包”行为的互动性。

事件发生：“发红包”软件启用，出现破局效应。

2. 实体产品领域（以苹果的 iPod 为例）

2001 年以前，苹果品牌并不为大众所熟知，直至乔布斯重回苹果，带领团队在 2001 年 10 月推出 iPod（数字多媒体播放器）。这在当时引起了轰动，打响了苹果重新崛起的第一枪。

**iPod 的破局三环解析：**

第 1 环：发掘具有焦点性的障碍问题。

问题发掘：容量太小。

应对方法：推动技术研发，增加歌曲容量，把 1000 首歌装进口袋，解决了“存储容量”这一用户关注的焦点，让 iPod 与其他竞争产品区分开。

第 2 环：发现有制高点意义的单一要素。

要素发现：外观设计。

流行条件：如果只是满足第 1 环的方法，那么竞争优势不持久，不具有壁垒性。iPod 是消费类产品，外观的突破是吸引用户购买注意力的制高点要素，乔布斯运用“极简”理念，从内到外进行史无前例的颠覆式设计，引领全球消费电子的设计潮流，超脱于竞争之上。

第 3 环：等待起点性事件出现。

行为思考：容量延展（软件）+ 外观进化（硬件）+ 便利性 = 流行。

解决方案：开发 iTunes Store 软件应用程序。

管理 iPod 当中下载的内容，随后延展开发 iTunes Store，提供一系列多媒体应用套件，不断给用户带来更为丰富的体验及便利性，产生可持续的用户黏性。

事件发生：推出 iTunes Store，出现破局效应。

3. 药店零售连锁领域（以美国的沃尔格林为例）

2020 年 1 月，“全球最具价值品牌 500 强”榜单发布，沃尔格林排名第 124。2022 年初，沃尔格林升至第 97 位，同时列美国品牌价值榜第 49 位，品牌价值达 198.86 亿美元，年增长率为 22.3%。

沃尔格林于 1901 年从美国芝加哥一个家庭作坊式小店起步，经过 120 年的发展，如今已成为全球最大的药品零售企业之一。

回顾1975—2000年这段关键时期，沃尔格林获得了超过市场价值15倍的累积股票收益率，轻松打败了像通用电气、可口可乐和英特尔公司这样强劲的对手。在此期间，投资1美元购买沃尔格林股票，可获得562美元的回报。对于一个默默无闻，甚至被人轻视的公司，能取得这样的业绩，实在引人瞩目。

在长达四十多年的发展历程中，沃尔格林始终坚持简单的核心经营理念，不断调整、优化经营行为的一致性，建立起牢不可破的核心竞争力，逐渐超越所有的竞争对手，成为全球药品零售领域最赚钱的公司。沃尔格林的突破战略是适用破局三环理论的经典案例。

以下用破局三环的理论解析一下沃尔格林是如何不断实现稳健破局，并保持可持续盈利增长的。

**沃尔格林的破局三环解析：**

第1环：发掘具有焦点性的障碍问题。

问题发掘：药店客流量少。

应对方法：店面位置影响顾客进店，将店址更换至顾客能够很容易从多个方向进出的拐角处。

最极致的做法是在1999年，沃尔格林花费120万美元将一家20年老店迁至街角，仅与之前隔了两家店面的距离，结果显示该店的营业额出现了大幅增长。

第 2 环：发现有制高点意义的单一要素。

要素发现：单位顾客光顾利润。

实现手段：贴近客户需求，增加高回报服务项目。

为提高单位顾客光顾利润的核心目标，沃尔格林致力于提供更贴心的服务体验锁定顾客，不断推出新的服务及商品。此外，将前店打造成用于满足顾客选购日常生活必需品的区域。

第 3 环：等待带来利好循环的起点性事件出现。

事件发生：率先采用顾客开车进店买药的方式。

简单复制：沃尔格林发现顾客喜欢开车进店买药，因此星罗棋布地开设了多家店铺，其目的是顾客无需穿越多个街区才能到达一家沃尔格林药店。

目前，沃尔格林在全球 11 个国家有超过 1.85 万家药店，其中在美国的门店数量约 1 万家。

三环递进：不断解决店址便利性的问题，吸引更多的顾客光临，通过提供更好的服务锁定顾客。在这一过程中，通过增加高回报服务项目，提高单位顾客的光顾利润，实现企业稳健的利润收益。最终，沃尔格林发现顾客喜欢开车进店买药的起点性事件，能够给药店带来更大的流量与利润的利好循环，于是集中力量改造，实现更大层面上的利润破局，为企业带来了稳健、可持续的利润增长空间。

从以上 3 个案例中，我们可以发现，不同行业领域的企业产品不一样，市场竞争环境不同，所要面对的问题与障碍基本上各不相同，其解决问题的策略也没有什么可通用性。因此，如若对行业的案例学习停留在事物的表面上，并不能给企业带来多少实质性的帮助，反而可能会因为个人的认知或解读方式不对产生负面的结果。破局三环理论的提出，使得不同企业或处在不同的发展周期的企业在面对不同的问题与障碍时，拥有统一的公式化解题工具，可以从新的角度思考并解决问题。

在破局三环的理念中，第 3 环是最为关键的一环——带来利好循环的起点性事件，它以前面的双环为基础，通常被称为破局点。破局点有大有小，有的是全局层面的，也有的是局部的。不同层面的破局点，除了要整体考虑全局的背景外，还需要考量企业当前的能力圈构成，特别是人才团队、资金及相关资源的匹配等系统实施问题。否则，很容易陷入策略虽很高级，而结果却很低级的境地。

总体来说，破局三环理论可以用于解决全局性的战略问题，也可以应用成为策略性的解题思维工具，其核心目的是找到破解当前问题或困局的关键点，实现突破性的跨越。

PART 4

# 利润塔与新资本价值

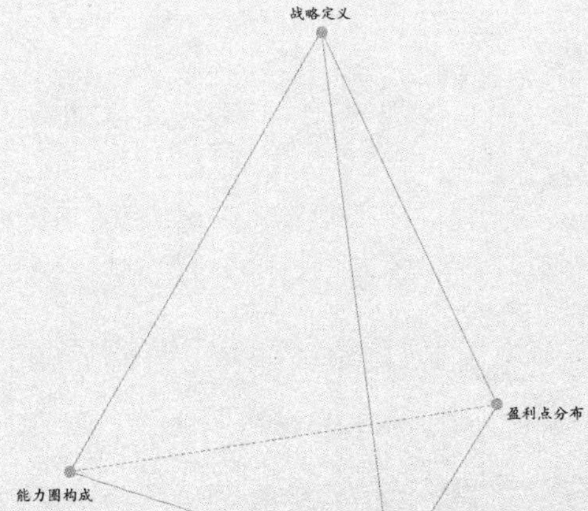

# 第 8 章　新资本趋势

1946 年，世界上第一家专业风险投资公司——美国研发公司（ARD），由乔治斯在美国创立。谁也没想到，ARD 的投资行为后来对全球中小企业的创业方式产生了深远影响。ARD 在成立后的 25 年时间里，平均年收益率为 14.7%。ARD 最经典的投资案例是 1957 年投资 7 万美元给数字设备公司（Digital Equipment Company，DEC）。1971 年退出时，ARD 累计获利 3.55 亿美元，达到 5000 倍的惊人回报。

ARD 成立后的 10 年多当中，风险投资开始生根发芽，逐渐成为中小企业发展的新的推动力。美国于 1958 年推出《小企业投资法》，随后诞生了数百家风险投资公司。以硅谷为中心，催生了大量的国际知名公司，包括英特尔、苹果、脸书、谷歌、亚马逊、推特等，风险投资行业在数十年的时间里蓬勃发展。由此，风险投资的足迹也逐渐从美国走向了全世界。

最先进入中国市场的外商风投基金是IDG公司。2000年，软银中国资本成立。高瓴资本与红杉资本中国基金成立于2005年。世界最大的风投基金KPCB则在2007年宣布正式在中国落地。此后，国际著名的风险投资机构，包括经纬资本等，也入驻中国，推动了中国风险投资行业的快速发展，也成就了大量的现象级公司，如新浪、BAT、TMDJ等代表中国新生代互联网经济的头部企业。

伴随2009年国内A股创业板的出现，以及之后的两三年内大量公司在海内外上市，中国创投界迎来了一场全民股权投资的盛宴，这也为天使投资的热潮拉开序幕。国内著名的真格天使投资便成立于这一时期。不过，这样高歌猛进的日子在2015年8月戛然而止，以美股与A股为代表的全球股市暴跌，冲垮了风险投资的变现通道，全球创投行业开始进入理性盘整的低潮期并延续至今，投资逻辑开始向价值投资回归。这一时期，风险投资逐渐向头部集中，红杉中国、高瓴资本、中金及深创投等，凭借卓越的战绩脱颖而出。值得注意的是，以腾讯投资为代表的互联网CVC（企业风险投资基金）异军突起，于2011年后迎来了快速增长期，如今腾讯投资赫然排在上市公司投中榜前五名。

许多成功穿越低谷的投资基金管理人，筛选与辅导项目的能力在迅速上升，风险资本的投向从过去的分散状态日趋走向集中状态，对项目的经营及技术能力的要求越来越高。被投项目公司普遍在竞争占有、先进技术、高端制造，以及产业链整合等方面拥有更强的能力优势，也更具有市场的攻击力。

当前，随着 A 股注册制的实质性推进，上市公司的数量井喷式爆发。与此同时，北交所开市及港股开启 SPAC，也为中国多层次的资本市场开启了全新的通道。

优胜劣汰是自然规律，但在全球资本力量的推动下，创业公司之间的生死竞赛将不断提速。

## 地球“变”平了

众所周知，我们已进入全球化的信息社会，各个领域的数字化进程突飞猛进。

当前，信息技术的发展已进入 5G 移动互联时期，全球正因信息交互的日益加速而变得更加透明。各国繁荣的电商大军，如美国的亚马逊、中国的阿里巴巴，以及散布全球各个角落的电商平台，把世界变成一个无差别的线上贸易集市，瓦解了传统商业的地域局限。在这样的背景下，层出不穷的好创意与有效的操作方法会在瞬间、无差别地传递出去，市场竞争手段开始趋向平行化，新玩法的扩散速度越来越快，大量鲜活的案例片段从亲历者的角度被分享出来，或被快速地复制出去，创业认知在碎片化传播的同时也变得越来越同质化，导致商业模式的创新与独特性变得越来越困难，人们正在遭遇一个全面同质化的创业平原时期。

也许，某些信息不对称的小山丘短期内还能存在，但是随着时间的推移，信息革命的步伐将踏平所有的樊篱，全方位消除过去受限于空间的交易环境（包括农村的线下购物行为），只要交通与网络的基础设施没有问题，那么几乎所有的商业交易与购物行为都将互联网化，包括不动产及大型设备等过去依靠线下交易的大件商品也会逐渐迁往线上。线下体验将成为互联网化的另一种延伸与附着，而离线的平台，例如传统的汽车、家电等，则会逐渐被移动互联网完全颠覆，成为新的智能生态产品。

互联网的全球化发展伴随人工智能、5G、区块链等新技术的应用与普及，触发商业底层逻辑发生平行性的嬗变，如今的地球彻底变“平”了。

## 8.1 资本加速“屠杀”平庸的创业者

商业环境的平原化，有利于风险资本兴风作浪。凡在资本觊觎的视线内，人们划桨溅起的水花，都有可能成为普通创业者的巨浪。

伴随长年追逐的过往积累，险资的视野越来越开阔，人们攻城略地的经验变得越来越丰富，行动也越来越大胆，不断从各个领域、不同维度渗入以推动不同发展阶段的优秀公司，试图建立起符合人们游戏规则的壁垒与沟壑，最终通往垄断式的利益目标。可以说，资本的力量正前所未有地驱动全球新的商业力量前行，也在前所未有地“洗劫”平庸创业者的未来。

中国有庞大的市场，加之一轮又一轮方兴未艾的创业浪潮，不断吸引着国内外大量的风险资本进场，给许多产业注入了新的生机，不断冲击着行业原有的发展生态，加剧了市场竞争淘汰的激烈态势。

过去，在传统的经济环境下，要成就一家世界500强公司通常需要数十年，甚至是上百年的时间才能实现。在互联网时代，像阿里、腾讯这样强大的互联网公司，也花了近20年的时间才迈入世界500强之列。然而，在现代移动互联的背景下，小米公司仅用了9年的时间便跨入世界500强的大门。全球估值10亿美元以上的独角兽公司数量在过去的6年里翻了6倍，其平均成长时间仅为8年左右。大量的未来型企业不断涌现，如美团、滴滴、拼多多、贝壳、瑞幸等，它们借助VC/PE的资本力量迅速崛起，颠覆了旧有的商业格局，让普通的创业者只能望洋兴叹。

所谓“一将功成万骨枯”，每一家在资本加持下崛起的明星公司，都是天生的“屠夫”，它们“磨刀霍霍向猪羊”。腾讯推出的局面带来的自媒体革命使强大的传统媒体走向了日薄西山；从“千团大战”中杀出重围的美团，背后乌泱泱躺下的是5000多家的团购网站；摩拜与ofo掀起的共享单车热潮，则直接干掉了无数原本无辜的传统自行车零售店……

这些年来，一条又一条被风险资本瞄上的赛道，无数的创业者甚至连硝烟的味道都没闻到就已经悲剧了，时代的车轮呼啸而过，连声招呼也没留下。

然而，对于绝大部分创业者来说，资本的力量距离他们太遥远。那些获得资本力量加持的公司则迅猛扩张，它们快速地攻城略地，极大地压榨对手的生存空间与发展机会，加速淘汰竞争的参与者。从2021年具有VC/PE背景的中企IPO统计数据中，我们可以看到腾讯投资目前位列红杉资本中国基金、深创投集团之后排名第三，收获20家上市公司的战绩，甚至比高瓴资本还多1个。据IT桔子数据显示，腾讯CVC投资项目的数量遥遥领先，在2021年8月30日前，已达1175个，远超排在第二名小米集团的408个，以及排名第三阿里集团的387个。腾讯体系在庞大的流量资源与投资力量驱动下，赋予被投资项目不对称竞争优势的加成，这必然加剧市场的“马太效应”。当前国内的上市公司中具有 VC/PE 背景的渗透率平均超过 70%。2021 年上半年，国内科创板上市公司中 VC/PE 的渗透率甚至超过 90%。大公司不断布局更大的市场空间展开扫荡式的产业跨界入侵行为，小公司则越来越难以应对不断被加速的市场步调，逐渐被资本加持下的竞争对手逼向墙角。

2020 年以来，国家市场监督管理总局及各部委不断召开反垄断会议及大量调查互联网领域的垄断行为，发出了数十起反垄断处罚，BAT、TMDJ 等互联网巨头们也赫然在列，最严重的阿里因滥用市场支配地位行为被处罚高达 182 亿元。所有这些成立或被调查趋向垄断行为的公司背后，无不印记着资本力量兴风作浪的痕迹。

平庸本无错，奈何资本是血腥的。

那些数以万计的机构投资者，集中顶尖的专业团队、海量资金，甚至是全球性的资源优势，搜寻各个领域最优秀的种子选手，不断准备新一轮的造星运动。他们的投资目录上，喂养着数以千计的“屠夫”，正虎视眈眈地盯着对手，随时准备下一场的冲杀。

## 8.2 资本游戏的终局逻辑

本书前文中谈到两个重要的观点：

一是公司的价值创造活动总的来说由产生现金流、利润与经营收入三种行为构成，其中最重要的是现金流创造与管理，是构成商业模式的价值根基。

二是从长期来看，未来资产的存在前提一定是**公司未来在资本市场上有想象空间**。它可以是独立上市的想象空间，也可以是上市公司及其旗下子公司，或是拟上市公司并购计划中的一个拼图构成。不然，未来资产终将面临难以流通变现的困境，重新回到虚拟存在的状态中。这种价值中断的必然性，将导致其实际价格大幅缩减，甚至是归零的结局。

由此，未来资产应该特指通过预判项目公司未来在资本市场上的想象空间，从而让投资人建立起对项目公司股权投资的信心，最终以某种估值定价的方式达成交易的可能性资产。交易完成后，未来资产才得以从虚拟存在的状态转为现实的货币资产。

从本质上说，未来资产是由公司的价值创造活动产生的，并非所有公司的价值创造活动都有资本价值。若不具有未来资产存在的前提，公司的价值将无法得到专业投资机构的认同，也就无法持续变现。

### 未来资产的最终空间来源

未来资产的最终空间来自哪里？

从全球宏观经济的视角来看，全球任何经济体内的企业活力和持续发展能力都离不开强大的资本市场的支持，特别是以证券交易所为中心所带来的资本流动方式。公司价值的最大化变现最终要依托全球不同层次的资本市场，顺着资本游戏的终局逻辑指向同一处——证券市场高市值公司走势。同时，结合公司所在产业的未来发展趋势，就会走在正确的未来发展方向上。凡是能符合这个逻辑走向的项目公司，都将成为机构投资重点关注与投资布局的对象，公司的未来资产由此得以呈现，股权融资也产生了未来的穿透性。至于未来资产，则可以用利润塔的塔式构算衡量其含金量。

图 8-1 是公司未来在资本市场上有想象空间的终局逻辑，由此以终为始指导公司的价值创造活动，让资本价值得以持续变现。

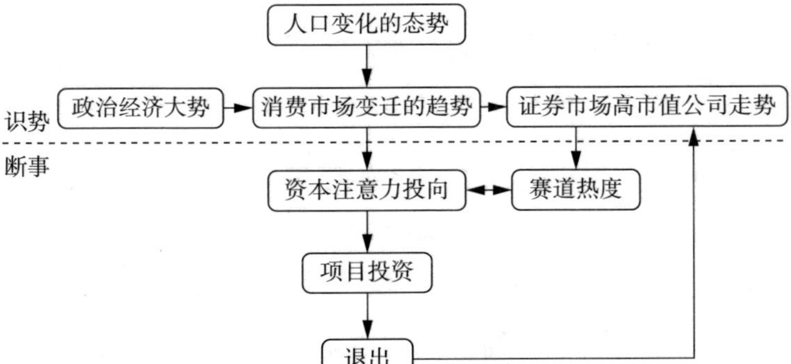


**图 8-1　公司未来资本的终局逻辑**

## 8.3 新资本走向

以特殊目的收购公司（Specid Purpose Acquisition Company，SPAC）上市是全球资本市场的新走向。从本质上说，它是机构投资穿透不确定性的一种突破，以一种更加直接、风险更低的方式获得投资成功的确定性结果。

### 危机惊魂

2008年，在席卷全球的金融危机背景下，成立158年的雷曼兄弟投资银行宣告破产，此消息一出，震惊世界。这家百年老店的总资产约7000亿美元，2000年曾被《商业周刊》评为最佳投资银行，居国际权威金融杂志《机构投资者》排行榜榜首。2002年被《国际融资评论》授予最佳投行称号。值得一提的是，雷曼兄弟宣布破产后的两个多月，美国史上最大的庞氏骗局制造者麦道夫被捕，其涉案的账面损失竟高达648亿美元。他曾是纳斯达克交易所主席、华尔街明星经纪商、美国极具影响力的国际级金融顾问。

西方的资本市场也不总是“阳春白雪”，再辉煌的公司也会迎来它生命周期的末尾，再好的制度也会有规则破坏者。只是在资本市场实践的道路上，西方国家比我国先行了二三百年的时间而已。美国在1790年便成立了第一家证券交易所，比我国早了整整 200 年，其间所经历的各种风雨波折自不必说，许多成熟的游戏规则与运行机制，还是值得我们借鉴和学习。

## SPAC 颠覆传统资本思维

从表面上看，全球近两年受疫情影响严重，导致经济不景气。然而，全球知名的安永会计师事务所的调研报告称，2021 年全球 IPO 活动是近 20 年当中最活跃的一年，美国、中国内地和中国香港仍是全球 IPO 活动排名前三位的最活跃地区。

相较于传统的 IPO 上市方式，SPAC 拥有以下四大优势。

### 1. 结果明确

不存在无法上市的不确定性。由于可以直接省去路演和传统上市流程审查等过程，SPAC 上市公司身份的结果明确。为此，高盛前 CEO 认为，SPAC 流程绕开了正常 IPO 流程的严格调查，曾告诫股市投资者要保持谨慎。

### 2. 时间短

只需 3～6 个月，公司即可快速实现上市。相较于传统IPO上市所需的时长，SPAC上市所需时长显然缩短了。

3. 费用少

比传统的IPO上市方式要节省一半多的费用。传统IPO结束后，投资银行要收取5%~7%的募集金作为承销佣金，而在SPAC中，一般只先收取募集金额的2%，其余的佣金要等操作的结果出来后，投行方可获得。在上市的过程中，可省去或减少上市辅导、中介及挂牌费等一系列环节的相关费用支出。

4. 融资快

由于股票投资者的钱已经提前存放在托管账户中，因此不存在融不到钱的问题。同时，SPAC交易架构设计更灵活，目标公司拥有更大的议价权，因而对想要上市的公司来说，是一种利好。

## SPAC是诱人的“盲盒”

SPAC也被戏称为资本市场的“盲盒”游戏。

简单来说，SPAC一开始除现金外，其他什么都没有，是一家由基金募资组建的“空白支票公司”，也叫“空壳公司”。

发起人将这个“穷得只剩下钱”的公司在证券交易所

上市，然后发行股票卖给投资者，将所募集的资金 100% 放在托管账户上，保证资金安全与固定收益。接着，这家“穷得只剩下钱”的上市公司只有一个使命：在 24 个月内，找到一家非上市目标公司，用托管账户上的资金购买其股权，完成双方的合并，新公司自动成为交易所的上市公司，无须其他动作。若在 24 个月内使命未能完成，那么这家公司就会被清盘，托管账户内的资金连带其利息收入将 100% 归还给投资者，风险可控。

SPAC 早期是加拿大与澳大利亚矿业企业采取的一种上市融资方式，后来逐渐在英国和美国兴起，直到近两年迅猛发展成为美国资本市场上新的上市主力军，开始影响全球资本市场的上市方式。2020 年，SPAC 数量在美国资本市场上首度超过传统的 IPO 数量，因而被称为 SPAC 爆发的元年。

## 8.4 黄金赛道

所谓的“黄金赛道”，是指在主流经济趋势上的一些热点行业，它并不意味着不在其中的公司就难以获得资本力量的支持，在一些细分赛道上或创新领域跑出新的独角兽公司或上市公司的可能性还是非常大。

## 独角兽公司赛道

俗话说："不想当将军的士兵不是好士兵。"对于投资人来说，不想成为独角兽公司的公司就不是好的创业公司。

2013 年，硅谷的风险投资人首次提出"独角兽公司"的概念，特指那些估值超过 10 亿美元的创业公司。从此，"独角兽"这一概念被投行广泛应用。

有数据显示，2021 年全球独角兽公司数量达 1058 家，其中美国以 487 家排名第一，中国以 301 家排名第二。全球范围内的独角兽公司有 53% 是直接面向消费者的，有 47% 是 B2B 企业服务类型的。另据 CB Insight 数据，全球的独角兽公司在 2016 年仅有 169 家，仅 6 年时间，其总数就增长 5 倍有余，增速惊人。

当前，亚洲的电商独角兽公司占全球电商独角兽公司比重超 50%。在 43 家亚洲的电商独角兽公司中，有 30 家来自中国。中国的电商独角兽数量最多、涵盖领域最广，涉及生鲜、母婴等多类型产品。

## 上市公司赛道

近两年，随着注册制改革落地的进一步加速，国内资本市场上有近千家新的上市公司，创下国内 20 年来的新纪录。

总体上看，2021 年约 70% 新上市企业是以注册制方式登陆国内资本市场，在新上市的 IPO 企业中，以科技股为主。从行业分布上看，上市数量最多的是计算机、通信和其他电子设备制造业，其次是专业设备制造业，第三位是化学原料和化学制品制造业、电气机械和器材制造业等。目前国内资本市场的政策倾向还是偏重于实体行业，这与近年来机构投资的侧重方向有所不同。

公司不处于黄金赛道上，并不意味着公司没有未来，本质上还是要看经营质量的基本面，其中有两个关键点：一是公司所定义的目标市场，其潜在空间要大（不低于 30 亿 ~50 亿美元）；二是公司利润塔所定义的能力圈构成及其成长性，要足以支撑公司未来发展的需求。如果符合这两点，那么不管处在哪一条赛道上，都一定会有慧眼识珠的投资机构进场，只是机缘早晚的问题。

## 8.5　践行中的 DVC[①]

中国股权投资市场寻找“自然生成的优质果树”的行业格局已然成形，但往投前走一步去发掘有潜力的项目进行“定向培育优良品种”的前端市场尚未形成，这给

① DVC（Deep Value Creation），深度价值创造。

DVC 带来了新机会。

## 股权投资市场的两极分化趋势

全球投资机构的头部力量越来越集中，其中红杉、老虎基金和软银这三大投资机构共投资了 500 家独角兽公司，约占全球总数的 50%。国内排名前五位的投资独角兽最多的机构分别为红杉、高瓴、中金、腾讯和 IDG。2021 年，中企共有 613 家企业实现上市，其中排名前 30 位的投资机构所投企业 IPO 数量累计超过 320 家，国内市场还将进一步向头部集中。

据报告，2021 年中国股权投资市场的募资结构持续向两极分化方向发展：一方面，10 亿元以下的基金数量占比超过 90%，募资金额占比不足 40%；另一方面，数量占比不足 1% 的 50 亿元规模以上的基金新募规模占比超过 20%。10 亿元以上的人民币基金超过 50% 由国资背景基金管理人管理，而超百亿规模的人民币基金则全部由国资背景管理人管理。

在 2021 年新募基金中，有近 40% 的基金仅对外出资了 1 个项目，与此相反的是国内不到 10% 的投资机构，所投项目数量及金额占比都超过 50%。2021 年，TOP100 的投资案例为股权投资市场贡献了 34.5% 的投资金额，国内有超过 1.5 万家的基金管理人。许多基金将面临有钱投不出去的项目荒，形成好的项目投不进去或估值过高而不敢投的局面。

## DVC 新机会

DVC 可分为投前价值输入与投后价值创造两大类型，可以降低被投项目因误入价值迷途而导致的高死亡率。

长期以来，投资机构并不关心那些未被看上的项目，最多是对一些有潜质，但没有达到投资要求的项目保持定期或不定期的关注，这导致许多潜在的优质项目“明珠蒙尘”，欠缺临门一脚的力量。

投前价值输入的 DVC 类型多涉及早期项目，以赋值为起点，在诊断、梳理的基础上，通过赋值、赋能与赋资的三段式推进（见图 8-2），为潜在的优质项目提供基于价值链重构的战略落地辅导，帮助其进行公司价值设计（商业价值 + 资本价值），并满足机构投资筛选项目的标准，推动项目走向股权投资市场。在这一过程中，完成对公司价值的发现、重构、放大与加速等价值资本的输入，并长期以深度介入的方式陪跑，助力“蒙尘明珠”擦亮自己，实现可持续融资的资本价值。

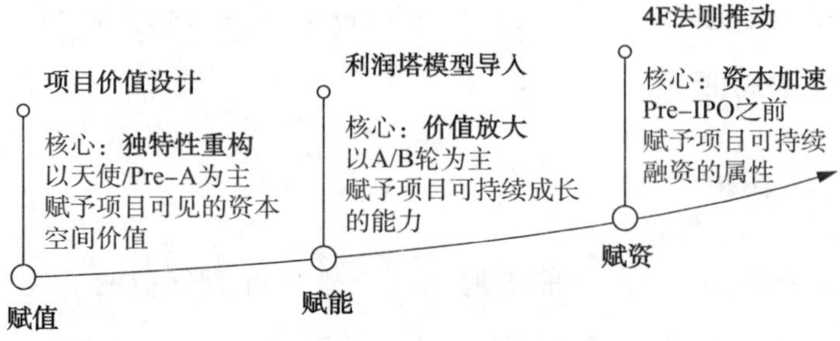


图 8–2 赋能、赋值、赋资三段式推进

关于投后价值创造的 DVC 类型，则以赋能为导向，属于投后管理的范畴。2020 年，高瓴资本成立创投品牌并创新地把投后管理升级为深度价值创造（DVC）。实际上，像美国知名的 A16Z 风投机构在早些年就已经深度介入项目投后的价值创造活动中，国内一些比较注重投后管理的投资机构也会安排派驻专员，提供经营管理及资本等相关方面的辅导工作。大部分的中小投资机构则碍于人手不足或受限于创业认知经验不足，难以提供更深层面的投后管理工作。

DVC 的边界是替创业者开车。

DVC 是辅导者，帮助优秀的企业家借助资本的力量绽放未来。良好的 DVC 背后都有与之相匹配的早期投资人，可以帮助创业者搭建适合机构投资进场的公司治理架构，包括股权治理、法人治理及业绩治理等，做好机构投资进入前的相关准备工作，提高投资效率。

最后，需要提醒的是，一家公司真正且持久的价值从来不是外部“造神”运动的结果，价值是内生性的，是一家公司对行业的思考，对商业与自我的社会表达，然后以产品的载体形式明确地向外展现，得到用户的认同，最终转化为公司底层的价值存在。

# 第9章 利润塔支撑公司的资本价值

## 9.1 公司价值运行区间

公司未来在资本市场上的想象空间，可通过利润塔的四个必然要素进行塔式构算，预判该想象空间实现的可能性大小及其可实现价值的含金量有多少，由此判断公司未来资产的优质程度，估测其资本价值实现的可持续性，并与公司股权的估值定价相关联。

### 公司价值的区间走向

从资本市场的游戏规则来看，赚钱的企业其股权不一定值钱。

我们经常碰到这样的情形，有的公司一年经营收入几个亿，甚至是几十个亿，利润也轻松过亿元，一切看上去都很完美，好像符合资本市场的上市条件，但没有专业投资人愿意投资，因为它不具备未来资产的属性，其价值几乎没有资本化的可能性。

赚钱与值钱是两种不同维度的经营结果。赚钱的逻辑大都考虑的是短期的当下收益；值钱的逻辑更多的则是面向产业的未来，验证公司未来发展战略的正确性、盈利规模的标准化放大能力及其长期可持续性。一家值钱的公司可以牺牲当下的短期利益去构建基于未来的商业想象空间，但极少有公司愿意放弃眼前的利润，去追求那些无法在当下真实感受到的未来空间。

正所谓“鱼和熊掌，二者不可得兼。”鱼和熊掌分别代表不同的价值取向，没有对错之分，只是对公司的资本价值产生完全不同的影响。本书从赚钱与值钱这两个维度出发，将公司的价值属性划分为四个区间，不同的价值区（见图 9-1）对应不同类型的公司。

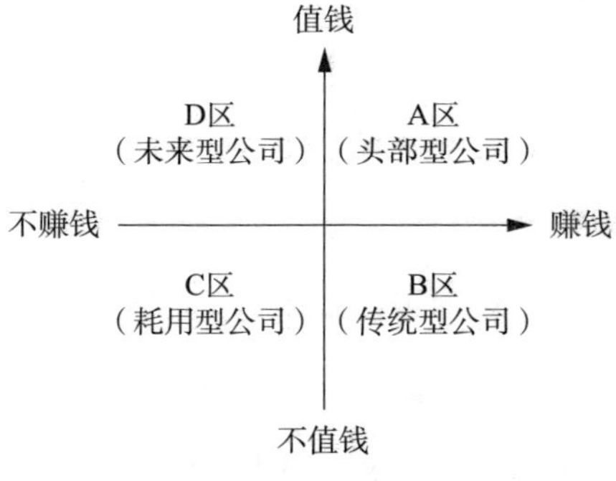


**图 9-1　公司的价值属性划分**

处于价值A区的头部型公司几乎成了所有企业的榜样。它们对行业格局拥有强势的影响力，大多数是久经市场考验而沉淀下来的卓越企业，大部分是具有高市值的上市公司，以及那些上市潜力巨大的高估值公司，是投资机构热捧的对象。

处于价值B区的公司，大都不具备资本思维或者抗拒资本思维，是典型的传统经营型企业。公司依赖某一行业长年积累的产业链关系和客户群体，稳定赚取产品的差价收入。这类企业通常不懂得资本价值设计或是不愿接受新的资本理念，只愿在自己固有的运营逻辑里行走，其中也不乏优秀的公司。当然，若是能妥善应用利润塔模型进行系统梳理、设计，并且稳健运行，这些公司将有可能轻松借助资本力量成为A区的一员。不过，许多当下很赚钱的公司，由于不知道如何在恰当的时机进行公司价值设计（商业价值+资本价值），充分利用资本力量推动企业发展更上一层楼，当经营环境恶化（如2008年的全球金融危机，2020年出现的新冠肺炎疫情等）时，就会令自己置身于独木难支的险境中。

处于价值C区的耗用型公司，大多数为初创公司，或是体制僵化的国有公司。公司整体的经营效能较为低下，缺少方向感或是选错了战略方向。公司处在既不值钱，也不赚钱的尴尬境地。若是有一定的资金基础、清晰的定位与治理架构，C 区的初创公司不妨把自己放到 D 区重新进行设计。

处于价值 D 区的未来型公司，大多数是创新、创意、新技术以及互联网属性的新经济产业类公司。D 区公司的典型特征是当前可能不赚钱，未来却有可能很值钱的公司。由于这类公司拥有优质的未来资产，许多投资机构会闻风而来，以帮助该公司实现未来的商业想象空间，哪怕最终公司被并购，创始人还是可以获得巨额的股权转让收益。例如，饿了么被阿里并购、摩拜单车被美团并购等。未来型公司在早期大都连续亏损多年，比较典型的如亚马逊连续亏损超过 20 年，但其创始人却成了世界首富。

当下不同的运行思维，决定的是未来的存在方式。

无论是处于 B 区，还是 C 区的公司，都可以应用利润塔模型进行塔式构算，向投资人描述公司未来的商业想象空间，以及如何建设公司的能力圈构成，实现商业蓝图。重新推演新的商业模式，重新定义公司的价值运行方向（见图 9–2），让公司变得更值钱。

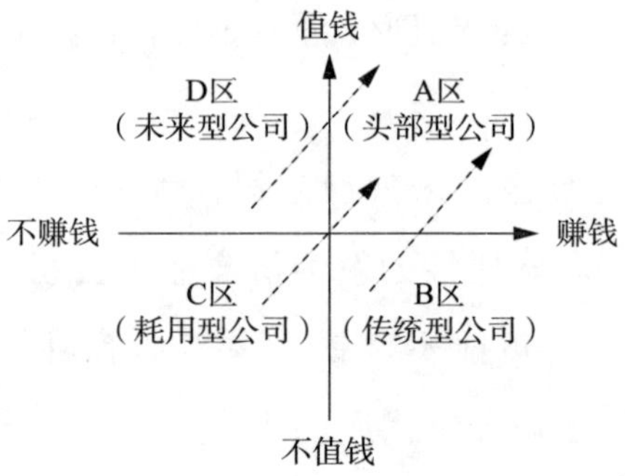


**图 9-2　公司价值运行趋势**

### 公司值钱的线路图

正所谓“条条大路通罗马”，公司赚钱的道路有千万条，每一条都有自己的玩法。但公司想要值钱，就只剩下一条路——上市。当然，也可以在走向上市的路上被并购。除此之外，都是走不过去的“断头路”。

## 9.2　野心见证奇迹

2012 年，有一家几个人的小公司在一间民宅内创立。2 年后，公司估值达到 5 亿美元，股权融资收入 1 亿美元；5 年后，公司估值超过 222 亿美元，股权融资收入超过 31 亿美元；8 年后，公司人数超 10 万人，公司估值达 1000 亿美元，股权融资收入超百亿美元；9 年后，公司估值已达到惊人的 3600 亿美元，成为全球最大的独角兽公司。

公司的创始人张一鸣出生于 1983 年。

这个鲤鱼跳龙门的创业案例，如果没有得到资本力量的加持，能在短短的 10 年间创造出这样的奇迹吗？

刚成立的字节跳动公司，第一年的融资也经历了相当艰难的过程，其主要原因是投资人对行业竞争现状及公司未来的想象空间存有很大的疑虑。虽然公司创立时就得到海纳亚洲创投基金（SIG）的合伙人王琼、刘峻及曹毅等人数百万元的天使投资，以及 SIG100 万美元的 A 轮投资，但公司烧钱的速度还是太快了，一年多时间后眼看要撑不住了。

王琼曾表示："我当时完全没有料到在未来很长一段时间里，几乎没有投资人会看好这个产品。当然，我也没有料到，今日头条日后会成为一家超级独角兽公司。" 2016 年，张一鸣在接受采访时也表示："在创立的前一年半，其实整个业界并不看好今日头条，当时为了融资，最多的时候，我曾一个月见了 30 多个投资人，说话太多以致失声，但一无所获。最差的情景下，据说有位投资人只谈了 15 分钟就离开了。直到有一天，王琼在头条上偶然看到一篇报道，由此改变了字节跳动的命运。"

有报道称，DST 投资集团的创始人尤里 · 米尔纳投资了一家美国的 Prismatic 公司。这家美国公司致力于研发彻底使人们的新闻阅读方式个性化的新闻阅读应用，并于

2012 年 12 月获得了 1500 万美元的风投融资。Prismatic 公司的定位与今日头条非常相似，因而王琼认为这位投资人应该能理解今日头条的运行逻辑，于是他设法联系到尤里·米尔纳。对方派人调研后，认为今日头条有机会成为中国版 Prismatic 公司，并在很短的时间内就决定投资，给予字节跳动 5000 万美元的 B 轮融资。

此后，字节跳动的股权融资之路如“开挂”般，畅通无阻。

按最近一期已披露的融资 1000 亿美元估值计算，相对于 B 轮融资时的估值就已经翻了 2000 倍，那么相对于 A 轮呢？按照字节跳动后期所呈现的融资逻辑反推，B 轮估值应该是 A 轮的 6 倍左右。也就是说，若按 A 轮的投资估值计算，至少要翻 1.2 万倍。总的来说，SIG 公司 100 万美元的 A 轮投资，如果股权全部保留到现在没有退出，那么其预估价值可能超过 400 亿美元。

PitchBook 的数据显示，2021 年字节跳动估值为 3600 亿美元，是目前全球最大的独角兽公司。字节跳动计划于 2022 年底上市。

## 9.3 风险投资轮次及成功概率

从广义上说，上市之前的公司股权投资都是一种风险投资行为；狭义上的风险投资 VC，通常指 A 轮、B 轮及 C 轮投资，大部分的公司在 C 轮之后就会开始计划 IPO 上市融资。

### 关于风险投资

在大多数人的理解中，有两个普遍的误区：第一个误区是认为风险投资具有博弈性，风险投资家就是抱着一种赌博的心理，对看不清的技术进行投资，如果成功就会获得比较高的收益；如果失败，就跟赌场里的钱一样无所谓。第二个误区是风险投资就是钱，风险家有的是钱。亏了没关系，反正他们的钱都是有钱人的钱。

风险投资的核心逻辑是通过大概率成功的投资决策对抗投资过程中可能出现的小概率失败风险。如果投资人对项目公司的大概率成功出现大范围的误判，并且当这种误判所产生的后果无法被投资成功的收益所覆盖时，投资机构自身也将面临无以为继的失败风险。

### 风险融资的轮次

根据资本游戏的常识性说法，统一把风险投资所进行的股权投资行为，按阶段区分为不同的轮次（见图 9-3），有相对共性的逻辑与说法，包括种子轮、天使轮、A 轮、B 轮、C 轮、D 轮等轮次。轮次越靠后，估值就会越高，融资金额也会越大。H 轮融资比较少见，如大数据初创公司 Databricks 于 2021 年 9 月获得 16 亿美元 H 轮融资。

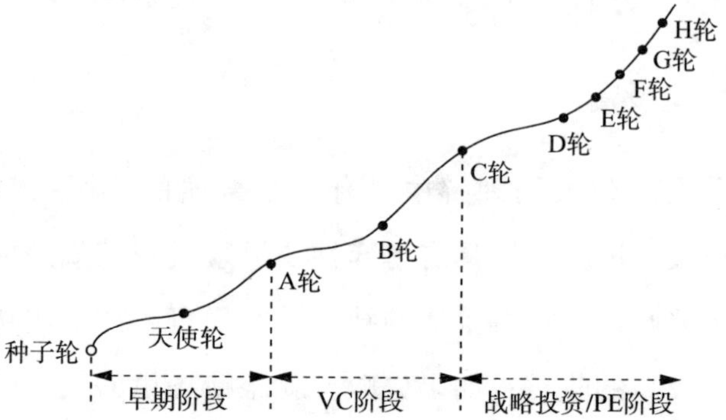


**图 9-3 股权投资分类**

投资早期的项目，风险系数大；中后期项目的投资风险逐渐减小，因而早期投资的倍率回报通常远高于中后期投资。有些机构偏好投资的早期项目多是科技类的，当前大部分风投机构则向中后期项目靠拢，这是中国风投领域十多年来自然淘汰的结果。

所谓早期项目一般是指种子轮、天使轮、A 轮投资所投的项目公司；中后期项目一般是指 B 轮、C 轮以及之后的轮次所投的项目公司。在股权投资占股比例上，早期投资的投资占股比例一般相对高些，占公司股权的 20%～40%，A 轮之后每一轮的投资占股比例会呈阶梯式下降（如 20%～10%～5%）。根据每家公司的估值成长、融资额及融资指导思想的不同，也会有所区别。

在不同赛道的不同轮次投资中，总体上的一些共性特征如下。

**种子轮：点燃火种**

阶段定义：是指项目尚处在创意阶段，产品尚未完成，风险投资人就开始介入投资。

成功概率：种子轮走到最后的成功率低于 1%。

私人投资：由于种子轮的死亡率极高，大多数的种子投资往往由创业者身边的亲朋好友基于个人的信任投资，也就是以业余买家为主。机构投资参与的可能性微乎其微。

机构参与：极少有机构参与种子轮投资，除非是有足够强大的产业背景力量支持，或者项目是具有跨时代意义的项目。

2022 年 3 月，有一个比较罕见的案例——Yuga Labs。一家集 Web3 文化、娱乐、游戏于一体的区块链项目运营商，获得 A16Z、三星风险投资、GV 及老虎基金等 9 家联合投出的 4.5 亿美元的种子轮投资。

融资金额：种子轮投资额在 10 万 ~100 万美元不等。

**天使轮：测试验证**

阶段定义：0~1 阶段，公司处在初创期。

有了初步的产品，创始人发起并组建了核心团队，对目标市场进行有针对性的验证，目的是跑通业务逻辑，同时寻找身边可用的资源。通常这一阶段的产品会经历多次的更迭，有的与原有的设想相差甚远，需不断进行市场打磨之后，公司才会在转型调整的不确定状态中找到正确的方向，然后稳定下来。

成功概率：据统计，9 年内从天使轮走到最后 IPO 的概率约为 1.2%，7~8 年的天使投资项目被并购，退出率在 6% 左右。因此，投资机构对天使轮的赛道选择及创始团队能力的要求非常高，投资决策也异常谨慎。但是，高科技领域的天使投资成功率相对高很多。

投资要求：天使轮及种子轮，如果要获得专业投资机构的参与，多数情况下要求创业者具有非常出色的工作履历或强悍的技术背景，比如 BAT、TMDJ、国内外知名公司高管等背景出身，具有科学家或某一先进技术的带头人身份等。如果不具有过硬的技术背景，就需要具备独特的商业模式，加上杰出的职业经历及创始团队背景，引起投资人的兴趣，减少其对创业失败的不确定性风险的担忧。

机构参与：机构投资很少参与除高科技等特殊领域外的天使投资。

大多数的天使投资人以周边的亲朋好友及同事等为主，也有专业机构背景出身的独立投资人会参与。有些投资机构的成员会以私人身份参与天使轮或种子轮投资，基本上都是与创业者的关系比较近，并对其个人能力和素质非常认同，有的甚至在上一次的创业中就已经在该创业者身上下注了。

机构投资：国内目前只有少数专业的天使投资机构，比较出名的有真格基金等。据不完全统计，仅在 2014 年之后的二三年内就有超过 1000 家的天使投资机构倒下，甚至在 2020 年，国内新成立的天使投资机构数量为零，由此可见天使投资领域的惨烈程度。

融资金额：融资金额从数十万元到数百万元不等，多在 1000 万元以内。

数千万元甚至上亿元的天使投资，虽较为少见，但是近年来在高科技领域的案例却不断增多。例如，在 2022 年 3 月，北京远鉴公司，获得华润资本等 4 家公司联合投出的上亿元天使投资；纳微星科（北京）科技有限公司，获得金信资本等 2 家公司联合投出的数千万元天使投资；上海芯思维信息科技有限公司，获得梅花创投等 2 家公司联合投出的数千万元天使投资；地标智能科技有限公司，获得达泰资本独立投出的数千万元投资。

投资回报：可遇而不可求。

一旦成功，回报惊人，往往高达数百倍以上。

例如，如果某人在 2004 年对美国的脸书（Facebook）项目进行 50 万美元的天使投资，10 年后他就可以获得 10 亿美元的回报，约 2000 倍。如果某人在 2012 年对中国的今日头条项目进行100万元人民币的天使投资，若今日头条2022年按计划上市，同样在10年后，保守估计，他将获得100亿美元以上的回报。

当然，几乎所有职业化的天使投资人都不会一直持有公司的股份跟随到上市，他们会选择中途合适的时机下车，转让所持股份退出，这是常态。

**A轮：优化成长**

阶段定义：1~10阶段，公司处在成长初期。

成功概率：60%多的项目停步在A轮。

投资要求：项目的赛道选择得到认可，公司的团队配备相对成熟，能力圈构成具有可持续发展的基础，逐步建立起标准化的业务运行体系，拥有经过市场验证的产品和经营数据，能够支撑商业模式的逻辑架构，战略定义基本成形。公司已完成标准化经营单元的样板打造，正在进行样板的优化与市场的规模化设计与验证。如果在行业内拥有技术先进性优势，那么公司被风险投资人看中的可能性就会大大提高。

参与机构：A轮阶段私人投资参与的比较少，主要有国内外的VC风投机构，行业头部企业成立的CVC投资基金，少部分有政府背景的产业引导基金等。

这一阶段，如果有行业内的头部企业投资或是国内外知名的风投机构参投，那么公司在发展的道路上容易走得更远，后期获得机构投资的通道将更宽。

融资金额：A 轮融资额从 100 万美元至 2000 万美元，不同赛道及经营规模不同，融资额会有比较大的差别，具有高技术含量公司获得 1500 万美元左右的 A 轮融资案例越来越多，少数案例会超过 3000 万美元。

例如，2022 年 3 月，深圳的美妆品牌商“栢特薇”就获得凯辉基金与益源资本共同投资的 2 亿元 A 轮投资。

当公司需要提前进行模式验证，或是未能在本轮内完成既定的里程碑目标及商业模式验证时，项目可能会出现 Pre–A 轮次或 A+ 轮，这些都属于 A 轮的延伸范围。

例如，深圳的牛肉连锁品牌商“牛大吉”在 2020 年 12 月获得 Pre–A 轮融资，2021 年 3 月获得 A 轮融资，2022 年 3 月获得 1 亿元的 A+ 轮融资。

投资回报：据统计，VC 投资的 65% 的项目回报在 0~1 倍，处于亏损状态，25% 的项目会有 3~5 倍回报，6% 的项目可以达到 5~10 倍回报，超过 10 倍回报的项目总体上只占 4%，其中 0.4% 的项目有超过 50 倍的回报。

**B 轮：扩展加速**

阶段定义：10~100 阶段，公司处在成长中期。

成功概率：约 30% 的 B 轮项目有机会进入 C 轮。随着投资轮次的后移，项目投资的风险也在逐渐减小。

投资要求：公司战略定义和商业模式清晰，已经有成熟的产品、业务运行体系和组织管理能力，公司的盈利模式得到市场验证，标准化经营单元样板的复制效能提升，进入可以规模化扩展的加速阶段。需要大额投资抢在竞争者前面进行深度布局，逐步建立竞争壁垒，进一步构建面向产业未来的价值链运行体系，为公司价值获取更大的商业想象空间。若是互联网相关赛道的项目，则更关注商业模式与用户数据。

参与机构：大部分B轮投资都来自更大体量的风投基金，如DST、KKR、老虎基金、红杉资本、高瓴资本、IDG、深创投、腾讯投资等大量国内外中大型投资机构，也包括CVC及政府的产业引导基金等。在本轮若有国内外知名风投、行业头部CVC的投资或政府的引导基金参与，对公司的资源、技术、政策及战略发展都会有很大的帮助。

融资金额：根据赛道不同，从1000万美元到5000万美元不等，平均投资金额在2100万美元左右。单轮融资规模如果超过1亿美元，则有很大的潜力成为独角兽公司。

有的行业规模巨大，项目公司的B轮融资甚至达到数十亿元，甚至超百亿元。例如，2021年1月，零跑科技完成B轮43亿元融资；2021年7月，蜂巢能源完成B轮102.8亿元融资，同年12月完成B+轮60亿元融资。

投资回报：据统计，VC 投资的 65% 的项目回报在 0~1 倍，处于亏损状态，25% 的项目会有 3~5 倍回报，6% 的项目可以达到 5~10 倍回报，超过 10 倍回报的项目总体上只占 4%，其中 0.4% 的项目有超过 50 倍的回报。

**C 轮：规模化扩张**

阶段定义：D~N 的阶段，公司处在成长后期，开始为上市做准备。

成功概率：据统计，VC 投资（A 轮至 C 轮）9 年内的 IPO 成功概率在 11%~12%。

投资要求：公司在行业拥有数一数二的地位，能够建立起自己的护城河。公司的现金流、利润或营收规模稳定增长，项目未来在资本市场上的想象空间巨大，具备可持续发展的能力。

为上市做准备的公司，在这一阶段更注重公司的用户规模、收入规模和持续盈利能力，因而市场占有率、应用场景和公司价值链的覆盖范围都会是衡量其成功与否的重要标准。美国的资本市场对创新项目未来现金流规模的想象空间会更加看重，而国内 A 股及港股市场对于公司利润规模的绝对值及其持续性经营能力则有更高的要求。

参与机构：除了 B 轮投资的机构参与者外，对冲基金、投资银行、私募基金、大型二级市场投资集团等越来越多的机构投资人会参与进来。

融资金额：根据项目所在赛道的商业想象空间，从数千万美元到数亿美元不等，有的甚至可达数十亿美元。

此后D轮、E轮以及更多的轮次，都属于战略投资或资本意志的体现，说明公司价值在上市之前还有更大的可挖掘潜力，或者所处赛道还有更大潜力的商业想象空间。

通常情况下，投资机构或创始人推迟IPO的时间，主要考虑到目标公司所处行业赛道的市场规模非常巨大，公司的价值潜力还没有得到充分的释放，有更进一步做大公司潜在商业空间的可能性；或是走向拥有市场支配地位的价值高地，从而继续推高公司的资本价值，希望后期上市后可以最大程度地放大市值规模，实现超级大满贯的巨大回报。

## 9.4 公司价值的不确定性

公司属于营利性组织，是以货币计量的经济资源所有者。公司所有的经营结果，最终要反映到以货币计量的经济资源上。公司通过所提供的产品满足人类社会不同目标人群的各种需求，从而实现以货币计量的经营收入，这是公司价值的源头。

所谓“存在即合理”，每家公司都有其存在价值，但并非所有的公司都有投资价值。

## 不同发展时期的价值不确定性

一家公司在发展过程中，可能会经历 7 个不同的时期（如图 9–4 所示），每一个时期都有其典型的价值构成特征。不同行业相同时期的公司，甚至是同一行业相同时期的公司，因其所处的上下游地位不同，加上由产品、技术、创始人背景、创业团队、运营能力、组织文化、商业模式等构成的核心竞争力不同，其投资价值也会有较大差别，很难用一个统一的标准衡量，但我们可对其共性特征做一些总结性的说明。

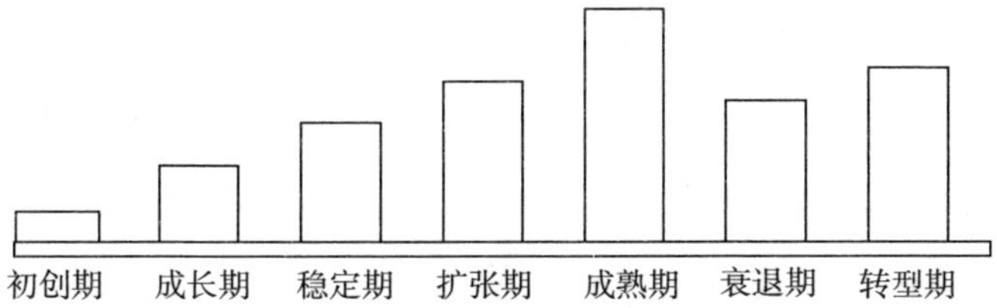


**图 9–4　公司发展时期**

**初创期：**

主要特征是以业务运行为核心，专注于产品设计、市场推动与销售力量建设，快速实现业绩突破，让公司得以生存下去。

这一时期的价值不确定性在于产品或业务逻辑能否得到市场的验证，创始团队成员的背景经历、工作水平及其能力互补性构成，能否给公司带来快速成长的可能性。初创期公司的战略及发展模式大多尚未定型，其投资价值最难判断，不确定性最高，因而投资风险也最高。

初创期主要有种子轮、天使轮投资参与。

**成长期：**

成长期主要以公司业绩快速成长为核心，扩大专业团队规模，推动运营体系建设，保持旺盛的业绩增长势头。

这一时期的价值不确定性在于公司的成长逻辑来源以及团队的体系化作战能力。一方面，要审视公司的成长逻辑，主要指公司靠什么驱动成长，如成长来自存量市场，还是来自增量市场？公司的领先优势是什么？公司在成长过程中，能否形成竞争壁垒，在产业内是否拥有定价话语权？成长是以自增长的方式，还是以高成本投入驱动的？成长能否带来现金流与利润的增长？不同的成长逻辑，同样要保持30%以上的年增长率，所带来的投资价值结果也有可能一个在天上，另一个在地下。另一方面，团队的体系化作战能力，代表了公司成长的可持续能力，如果公司的人才梯队后备不足，各部门的专业化能力以及团队协作能力较弱，那么公司业绩的增长就难以持续。因此，公司成长的投资价值就得不到良好的体现。

处在成长期的公司大多数已有明确的战略定义，公司的盈利模式基本成形，能力圈构成及其潜力也都比较清晰地呈现出来，投资风险有所下降。成长期是风险投资介入的最佳时期，也是决定公司是否值钱的里程碑价值时期。

**稳定期：**

公司在经历一段时期的业绩成长之后，营业收入或利润规模进入一个相对稳定的时期，即使有所起伏，总体上也变化不大。许多时候，公司不会是直线成长的。通常，公司业绩在一段时期后会到达一个峰值，然后保持相对稳定的状态，即进入稳定期。

这一时期的价值不确定性在于公司能力圈的短板，是因为外部原因，遭遇难以突破的市场竞争阻力，还是因为内在销售力量不足，导致业绩无法实现突破；或受限于公司组织管理的能力圈边界，无法支撑业绩上升时的内外服务需求；又或是因资金投入不足，导致成长停滞。

公司进入稳定期后，需进行战略梳理，制定里程碑及长期发展计划，提炼优秀的商业模式，完成公司最小经营单元样本的打造，同时积蓄人才、强化流程及组织管理能力。在理想的情况下，公司通过升级能力圈构成，再次实现成长突破，之后可能会出现多次的上升期与稳定期交替进行的现象，从而实现可持续成长。

**扩张期：**

扩张期主要以市场的规模化扩展为中心，对公司进行战略性布局与准备。公司经过前期的发展后，发现了巨大的市场潜在空间，创始人有强烈的市场拓展意愿，公司的资金实力、核心骨干层的团队构成，以及组织管理系统可以支撑快速扩张的需求。

这一时期的价值不确定性在于，公司现金流的管理能力与创始人对公司战略及全局的把控能力，特别是公司对扩张节奏以及组织效能的管控。大量的公司在扩张期发展得太快，导致失控而遭受挫败。

处在扩张期的公司成长逻辑、盈利模式及商业模式已得到充分验证，是投资价值成长的最快时期。

**成熟期：**

成熟期的主要特征是，公司在行业内拥有一定的地位，产品市场份额较为稳定；公司的管理体系相对完整，拥有一支高素质的职业经理人团队。在成熟期，公司获取新增业绩的投入产出比很低，甚至可能为负，公司从扩张政策转向精耕细作，重在强化管理效能实现成本控制，以保持或增加利润的绝对值为主要经营指标。

这一时期的价值不确定性在于，公司是否有能力发掘新的利润增长点，拓展第二曲线的增长空间。这是公司进行产业链投资布局的最好时期，可以启动 CVC 投资介入公司业务的上、下游环节，培养新的利润增长点或并购有潜力的关联项目，提高产业竞争壁垒，扩展产业周边的价值成长空间。

成熟期之前，公司就可着手进行 IPO 准备，以 C 轮、D 轮及战略投资为主。

**衰退期：**

衰退期的主要特征是，行业的整体市场空间在缩减，处于过度竞争时期，公司原有的市场份额逐渐萎缩或者由于价格战导致利润大幅缩水。

这一时期是公司价值衰减的时期，以并购投资为主，可以通过资产重组、兼并或转型等方式获取投资。

**转型期：**

转型期的主要特征是，产业趋势发生变迁、公司当前发展受阻或难以发挥自身的竞争优势，导致公司战略需要重新定义，由此影响利润塔其他三个必然要素进行相应调整。

这一时期是价值不确定性的模糊期，需要结合主业现状及转型方向的正确性进行论证，每一次的转型调整都会影响价值判断的不确定性。当然，有些转型是有确定性为前提的，如发现新的市场增长机会，在产业技术的先进性上实现新突破，主要目标客户的需求发生重大变化，公司处在成熟期或衰退期已找到新的战略发展空间等。

转型期的投资价值难以确定，需要根据不同的情况对应与之相匹配的投资对象，如初创期、成长初期的转型还是对应早期投资；稳定期、成熟期以及衰退期的转型，可以对应 VC 或 CVC 投资等。

## 9.5 风投融资的本质

从全球风险投资的实践来看，创业公司发给专业机构的所有商业计划书中，平均只有 0.4% 的项目公司最终拿到了专业投资人的钱。在这样的背景下，没有职业选手的修为，只靠偶然性或侥幸的心理参赛，又如何能杀出重围呢?

### 利润塔，让公司价值脱离“单脚跳”状态

利润塔为支撑公司的未来资产提供了效能成长的实战体系。从本质上讲，利润塔有助于推动公司价值的资本化进程，从而让公司价值不再单纯依赖传统思维下的商业价值，通过盈利效率的可持续成长，展现其未来的价值前景，从而让商业价值与资本价值形成互为支撑的完美融合，让公司价值摆脱“单脚跳”状态，实现用双脚行走的价值成长状态。

风投融资的本质，就是把未来资产拿到当下变现。换句话说，股权投资的本质是投资公司的未来。利润塔是公司价值资本化过程中那块最牢固的基石。

## 谁会买你的未来

有两类买家会买你的未来：

一类是业余买家，例如亲朋好友、公司员工或生意上的利益相关者，他们大都是因为单纯的信任关系或表达一种支持，基本上没有专业的投资价值判断能力，带有一定的盲目性，容易受情绪化及项目的故事性描述影响，其投资行为大多属于碰运气、短期性、难以持续的行为。

另一类是专业买手，也就是专业投资人。他们凭借自己的专业眼光与投资实践经验，根据企业不同发展阶段的特性，对目标公司进行观察了解，深入调研、分析公司的竞争力与价值所在，并通过尽职调查得出专业化的投资报告，最终交由投资决策委员会决定是否投资。其投资行为属于长期性、相对可持续的行为。许多专业投资人本身就有连续创业的经历，对一家公司好坏的判断有着非常敏锐的眼光与直觉，如红杉资本的沈南鹏曾是携程、如家的创始人之一，并成功把公司推到纳斯达克资本市场。

业余买家的资金来源大多是个人或非专业投资公司的自有资金，因而投资金额是有限的；而专业买手则可以通过法定流程向外募集资金，拥有庞大的社会资金来源，同时还可通过退出已投资项目获取高倍率的回报，回补资金。不同的专业买手对同一个投资项目会互传接力棒，因而相对来说是长期可持续的投资行为。

若没有机构投资者的多方续力并形成市场化的投资买入、并购或上市退出，绝大多数的股权投资行为都将成为无源之水，无法持续下去。

## 成为职业选手

打个比方，专业买手相当于一个职业足球俱乐部的职业星探，除非球员自身具备以下条件之一：

（1）被发现具有成为巨星的潜力；

（2）已崭露出巨星特质；

（3）被低估的职业球员。

否则，几乎不可能被专业买手选中，更何况是那些业余球员。

职业俱乐部式的股权投资机构，经过国内市场近20年的经验积淀，伴随着近年来大规模的中企在国内外证券交易所上市，这些机构对于公司资本价值判断的实践经验越来越丰富，投资误判的可能性也在不断降低，对目标公司的选择眼光也越来越精准，这无形中也加大了创业者获得机构投资的难度。

## 职业化的买方市场

站在资本市场的角度，风险投资是一个职业化的投资行为。

大多数情况下，风投融资是以买方市场的方式存在的。在投行的投资行为中，谁的公司值钱，谁的公司不值钱，基本上由买家说了算。当然，如果公司的成长性或价值前景非常好，完全符合投资人定义的好公司标准，或者国内外的头部机构已参与了至少一轮的投资，那么这时候卖方市场可能会出现。举例来说，一个球员的价值需要由职业体系认定，并在职业赛场上有杰出表现才具有意义，若成为球星则价值抢手，业余球员只能自说自话。

一家项目公司如果不能满足“在未来的资本市场上有想象空间”，那么风投融资的行为很难持续下去。当投资人判断这可能是一个小概率事件时，项目公司被投资的可能性就微乎其微，因为没有风投会有兴趣永久持有一家公司的股份。

当然，有的项目价值判断可能会超出投资人的认知范围，因为公司在经营过程中还有转型的可能，也会进行价值链重构。在这种情况下，就需要投资人对创业者的个人能力有深度了解与认同，并对创业团队有信心，这对于早期项目的投资显得尤为重要。在某些场景下，投资机构的投委会通不过的项目，接触项目的投资合伙人有可能单凭个人的喜好及对创业者的认同，哪怕在看不清未来的情况下，也以私人投资的方式下注给创业者，就像前文所提到的字节跳动公司的 3 位天使投资人一样。

大部分情况下，如果投资机构对于项目运行逻辑的理解及其未来价值判断处于不确定的状况，基于回避风险的预期判断就会做出不投资的决定，这算是一种常态行为。每个投资机构都有自己既定的投资理念、价值判断逻辑与筛选项目的决策标准。即使偶有漏网之鱼，真正有价值的项目也迟早会回到后续轮次投资人的视野中，就像红杉资本虽错过字节跳动公司的 A 轮融资，但还是可以参与到 B 轮的投资中。优秀的投资人并不会担心没有项目可投，相对来说，创业者更需要遇见一个有机缘并且坚定看好你的人。

人们常说："是金子总会发光的。"

创业者需要的就是做好自己，寻找能够理解自己且价值观相容的投资人，在这一过程中，被投资人拒绝是一件再正常不过的事情。

## 展千里马之姿

要想在风投融资这条路上走得更远，虽然需要有一定的运气，但究其根本还是要依赖自身过硬的经营能力和数据的基本面。换句话说，你首先得是一匹千里马或是具有千里马的潜质，才有条件期待伯乐的出现。否则，就算伯乐近在眼前，他也找不到投资你的理由。

简单来说，赛道与能力，是风投融资的两个前提。

风投首先会看公司所在的赛道是大海还是池塘，海里的鱼与池塘中的鱼显然有不一样的发展空间与价值。其次关注赛道长期的逆周期趋势，行业竞争壁垒的高低，投资退出机会的多少等。

在赛道确定的情况下，考验的就是创始人及其团队的能力。

我们知道，一流的团队可以把三流的项目做出一流的价值，而三流的团队会把一流的项目做得一文不值。这就是风险投资人一定要优中选优，并且不轻易下注的原因。

## 9.6　穿越死亡之谷

野蛮生长的时代已经过去，靠 PPT 融资的日子已经成为回忆。在未来，融资的门槛会越来越高，公司所接受的未来挑战也会越来越大。

### 失败是一种常态

要见证奇迹，必得穿越“死亡之谷”。

即使在项目公司每一轮融资的过程中，投资人都执行了尽职调查的流程，也通过了投委会的表决，也并不意味着收获的开始，而是残酷现实的揭幕。因为接下来，大部分的项目公司即使得到了投资，也前途未卜，依然会在前进的道路上，与死神不期而遇。

虽然没有一家投资机构愿意看到自己投资的项目公司倒下，但事实总是令人感到无奈。据统计，对于天使投资基金，IPO 成功率一般在 2% 以下，中途退出率也不高。总体上，现金收益能超过年化 10% 的 VC 和 PE 基金，已是相当不错了，毕竟 80% 以上的基金 7 年 DPI（对出资者已分配的收益）都不到 1，也就是说，出资者连成本都未收回。

有时大家会开玩笑地说，成功是变态，失败才是常态。企业在走向资本的路上，成功的路只有一条，就是登陆主流的证券交易所，或退而求其次，在上市路上被并购。

## 保持对风险的敏感度

要穿越“死亡之谷”，创业者需要对以下三个方面保持极高的敏感度：

第一，公司的现金流管理；

第二，公司的战略决策；

第三，公司的能力圈构建。

其中，第三点就像树的主干，倘若第一条现金流的水分输送出现问题，将导致主干生长缓慢而且迟早会枯死。

第二点则决定主干生长的方向与分叉的位置，长歪了或者分叉太早，会造成主干长不高、长不大的后果。

项目公司死亡的第一大原因就是对公司现金流管理的不敏感，大多是业务与财务核算分离，成本管控意识淡薄，不自觉地把摊子铺得过大而收不住，或是对公司业绩或融资的预期过于乐观，结果发现一脚踩空了。当然，也有可能因为政策或经济上的“黑天鹅事件”导致现金断流问题。项目公司要树立把融到的钱当最后一笔投资规划的危机意识，并常年保持至少支撑公司运转 12 个月以上的现金流。

只有基于识势、断事的修为，并依靠公司扎实的能力圈基本功，在危机出现时，才能避免陷入全局性的困境或崩盘的结局。

# 第 10 章 可持续融资的 4F 法则

## 10.1 两条基本常识

风险投资人大都是拥有开放性思维的风险厌恶者，在投资决策的行为中更倾向于保守。对于机构投资来说，投资绝对不是只投向一个人，而是投向一个强有力的团队，及其组织系统的可持续成长能力。

**第一条常识：风险投资人的看家本领——回避风险的能力**

风险投资人回避风险的方式有两种：其一，降低投资失败的概率；其二，力争投出“大满贯”的回报项目。

降低失败概率对风投机构的意义等同于提高投资回报率。首先要遵循“我看见，我投资”的确定性原则，再预判不确定的风险所在。应用自己的投资理念与实践经验，检视项目公司的当前现状及其核心能力圈构成，发现其经营缺陷与未来的局限性，与过去投资失败项目的相似性进行比对，或是对创业者的经营逻辑进行失败性推断，以看得见的逻辑论述项目公司存在大概率成功的确定性以及小概率失败的可能性，最后提交投资决策给委员会表决。

要投出“大满贯”的回报项目，就要看好投资赛道。赛道是否足够大，未来趋势如何，赛道上有没有拦路虎，政策是积极的还是会转向消极等，然后在“降低失败率”的保守决策基础上，做出投资判断。错过一个好项目对机构投资者来说是常有的事，但他们不可能因此成为激进的风险拥抱者。

当然，对于许多投资机构来说，如果能够投出一个超级回报项目，就可以承受更大的投资失败概率，或是整体的投资回报率将会大幅上升，这是机构投资者的立身之本。因此，不断在一家“好公司”身上持续下注，在不同阶段持续领投或跟投，已成为获取超级回报的投资共识。

**第二条常识：投资就是投人**

目前来看，投人的逻辑对于投资人来说，没有公认的标准答案。对于机构投资者来说，投资绝对不是只投向一个人，而是投向一个强有力的团队及其可持续成长能力。

不同赛道，看人的逻辑完全不同，即便是同一赛道，由于所处的市场地位不同，投资人在投资时看人的逻辑也会有巨大差异。

从广义上讲，投资人所看到的人，不仅是指包括创始人、合伙人、股东、公司骨干在内的公司成员，还需要观察基层员工。要了解这些人的个人工作背景与能力如何，在公司平均工作了多长时间，其工作动力来自哪里，坚持在公司工作的理由是什么，公司的平均人效是多少，等等。此外，还要看间接的公司组织运行架构、流程及其管理水平等对人的工作效能产生持续影响的组织行为及组织文化等。

## 10.2 4F 法则

如何让投资人理解“确定性的逻辑”，是融资成功的前提，毕竟投资不是做慈善。机构投资者永远只会是锦上添花的力量，他们只会在项目公司经营还不错的情况下，看到是否有可能利用资金投入进行规模化放大，使公司得以加速发展，实现公司价值的快速成长。换句话说，如果项目公司万事俱备，只欠“东风”（资本），那么“东风”才会来，否则即使千呼万唤“东风”也不愿来。

在不同轮次的融资过程中，总体上要面对以下八大问题，投资人可从中发现有可能导致失败的不确定因素，同样也可以找到公司可能成功的确定性理由：

（1）公司正在做什么？（赛道、空间潜力、创业情怀）

（2）公司所规划的未来是什么？（公司愿景、战略定义与里程碑）

（3）公司有能力实现吗？（创始人背景及团队的能力圈构成、管理效率、组织文化、资源匹配度）

（4）公司如何实现上述规划？（业务运行、盈利模式、商业模式与公司治理方式）

（5）公司什么时间实现？（当前营收、利润、现金流状况、未来三年财务预测）

（6）公司可以确保实现上述规划吗？（合规性、股权治理、人才梯队、组织管理、对赌协议）

（7）公司需要多少融资金额？

（8）退出的机会有多大？（并购可能、上市计划、预计投资回报）

根据机构投资及创业公司的融资实践，沿着公司值钱的路线图，本书提炼出可持续融资的 4F 法则，应用于公司的融资行动，主要包括：

未来（Future），描述一个有可能实现的未来。

支点（Fulcrum），找到一个支撑公司价值的投资判断基准点。

要素（Factor），即一群合适的人。

信仰（Faith），拥有一种必胜的坚定信念。

## 未来（Future）有多大

1. 赛道空间

需要参照上面八大问题中的第一问：公司正在做什么？赛道是大海还是池塘？根据产业发展趋势，向投资人论证公司所在赛道的未来空间有多大，是百亿、千亿还是万亿量级的。

许多创业者以为只要把“饼”画大，就能获得投资，这是一个巨大的误区。投资者想要了解的是这个未来是不是真的与你有关，你需要多久可以实现这个未来。

2. 时机点

让投资人觉得项目公司的现在是把握赛道未来的最好时机。从社会经济大势分析，从产业的过去、现在与未来趋势中发现产业发展质变的机会点，告诉投资人当前确实是投资未来的最佳窗口期，或者现在是投资公司的最佳时机。

3. 清晰度

需要参照上面八大问题中的第二问：公司所规划的未来是什么？对于公司愿景、战略定义与里程碑，创始人是否有清晰的目标与执行计划。

要用真实的经营数据告诉投资人，公司有能力实现未来，并且正走在实现未来的路上。当前公司处于哪一个发展阶段，存在哪些问题，正在寻找哪些可行的解决方案。

这是让机构投资对公司价值产生确定性逻辑的基础。

## 支点（Fulcrum）在哪里

阿基米德说："给我一个支点，我能撬动地球。"

项目公司撬动地球的支点在哪里？投资公司也需要找到一个支撑公司价值的投资判断基准点。价值支点可能来自 CVC 产业投资寻找产业链或价值链上的并购价值，或公司价值以外的价值拼图组成。但从内在价值的角度看，价值支点需依托于项目本身的亮点、制高点与爆发点。突出其中最重要的一点或三点共有的里程碑事件，就能形成项目融资的价值支点，这在投资者进行投资决策时会起到关键的支撑作用。

### 1. 亮点

项目公司与众不同的亮点在哪里，解决了哪些社会、产业或用户的刚需性痛点问题。

对于公司的客户或终端用户来说，公司的产品与其他竞争产品相比，最鲜明的亮点是什么？

2. 制高点

公司已掌握具有强大竞争力的制高点在哪里，是产品、渠道、技术、品牌、流量，还是其他领先的优势力量，是否能以此建立起自己的护城河。

3. 爆发点

项目公司实现爆发式成长的可能性在哪里，需要什么条件支撑这种可能性，公司为此做了哪些必要的可行准备，预测当前距离爆发点还有多远，是否只要获得合适的投资，就能完全解决爆发前的问题？

## 要素（Factor）充足吗

未来可见，也找到了投资价值支点，接下来需要证明团队是由一群合适的人组成的。投资人由此预见公司的高成长性或高价值回报的可能性，并愿意承受在一定范围内的市场风险。

所谓合适的人，是指投资人希望看到符合“一个牛人+企业家精神+一支强大的团队”要求的项目公司。

考量项目公司是否拥有支撑当前轮次投资决策的坚实运营基础，涉及利润塔的四个必然要素、公司价值成长的逻辑能否自洽、整体组织架构、股权治理结构设计及组织文化等多方面的综合考量。

不少创业者可能无法理解投资机构为何要求如此高的回报率，这仅是一个基本要求。如果在考虑到投资失败率的风险摊薄后，你或许就会明白，一只基金想要实现平均 10% 以上的年回报率，有多么困难。

因此，在找机构投资者投资前，先好好考虑一下自己的项目是否存在高倍率回报的可能性。

除经营主体的能力圈风险外，投资风险还来自以下三个方面：

一是创业者的素质风险，如公款私用，把投资人的钱捞到私人腰包里，把个人利益置于共同利益之上等；二是市场风险，产品是否符合市场的需求，公司的业务运行能力或者营销能力够不够，市场是否可以实现规模化成长等；三是合规性风险，公司是否有契约精神，股东之间的股权协议是否合规，当前的财务合规性及经营行为的法律合规现状是什么，公司是否有全面合规的意愿与落地行动等。

如何让投资人相信公司拥有对风险的把控能力，也是融资成功不可或缺的重要因素。

## 信仰（Faith）还在吗

我们都知道，创业的过程不可能一帆风顺。因而，投资人希望能够清楚地看到创始人及其团队是否拥有必胜的坚定信念与决心。当公司有一天不可避免地面对挫折与困境时，是什么支撑团队继续奋斗下去。

“冬天来了，春天还会远吗？”

有情怀的创业者在面临艰难抉择的考验时，会拥有坚持下去的坚定信念。如果创业者只是抱着赚钱的心态试一试，那么最终一定只是试试看的结果，且一旦遭遇困难，创业者很难坚持下去。

因此，投资人更愿意看到一个百折不挠的创业者，能够对自己所从事的事业拥有信仰式的情怀。这也是降低风险的一种考量。

创业者的行动决心代表自己对公司的信仰，这将在极大程度上影响创业团队的士气。

在可能的情况下，投资人希望创业者以对赌协议的方式展现自己必胜的信念与决心。

# 第 11 章　价值测评

衡量公司价值的核心指标会随发展阶段的不同而发生变化，风投轮次也会有所差别。从当前阶段发展到下一阶段，需在现阶段指标的基础上，拥有下一阶段的关键价值指标，推动公司价值的升级。

## 价值判断的二元化

在前文中，我们曾谈到赚钱与值钱属于两种不同的价值走向，一种是以公司的利润规模及利润率支撑公司价值，另一种是以公司未来发展的可能性及趋势性支撑公司价值，公司可能在很长一段时间内处于亏钱或利润额极低的经营状态。

对于传统的赚钱的公司，其核心价值在于当前的利润规模及其增长空间。投资价值主要在成长后期、扩张期或成熟期，VC 重点关注的是公司在 3～5 年内实现上市的机会。在合理的预测条件下，若公司的财务指标无法达到IPO的要求，那么VC就不会进场。

然而，值钱的公司，其价值核心在于商业模式的独特性、未来可持续的现金流规模、市场的规模化成长速度及其商业想象空间。投资价值可以从初创期开始，顺着成长期、扩张期走向成熟期。值钱的公司在投资过程中的退出通道相对比较宽，一旦成功上市其回报率将远超传统的赚钱公司，特别是在新经济产业领域。

## 价值判断的四大维度

全球最大的风投基金KPCB的合伙人约翰·多尔曾说："在当今世界上，有大量的技术、大量的创业者、大量的资金、大量的风险投资。稀缺的是优秀的团队。"

早期项目公司自不必说，创始团队就是公司的全部，创业者的特质将决定公司的价值走向。但无论结果如何，VC在投资过程中都会以初筛、面谈、调研与尽职调查等方式与创业者及其团队进行沟通、评估及谈判，最后做出投资决策。所有这些工作，围绕"团队"的质量中心，形成公司价值判断的基础指标（见表11-1），包括赛道价值、人的价值、公司价值与投资价值四个维度的价值判断标准。其中大部分内容在前文中均有论及，在此就不复述了。

**表 11–1 公司价值判断基础指标**

| | | 赛道价值 | | 人的价值 | 公司价值 | | 投资价值 | | |
|---|---|---|---|---|---|---|---|---|---|
| 初创期 | | 产品定位 | | 创始团队能力圈构成 | 业务运行 | | 项目亮点 | | 轮次 |
| | | 目标市场 | 大海 / 池塘 | 股权治理结构 | 渠道 | 行业资源 | 估值 | 投资金额 | 种子轮<br>天使轮 |
| | | 市场验证 | 需求真伪 | 行动力 | 业绩 | 营销力 | 回报 | 风险判断 | |
| | | 赛道定型 | 趋势性 | 信仰 | 品牌 | 主导策略 | 退出通道 | | |
| 成长期 | 初 | 战略定义 | | 创业精神 | 最小经营单元范本 | | 成长逻辑 | | Pre–A |
| | | | | 专业化 | 财务表现 | | | | A |
| | 中 | 商业模式 | | 人才梯队 | 盈利模式 | | | | A+/Pre–B |
| | | | | 管理层能力圈构成 | 客户数据 | | 财务预测 | | B/B+ |
| | 后 | 价值链升级 | | 集体共识 | 护城河 | | 商业想象空间 | | C/C+ |
| | | | | 组织管理能力 | 组织文化 | | | | D/ 战投 |
| 扩张期 | | 规模化速度 | | 协同性 | 内控 | 现金流管理 | 独角兽潜力 | | C–H/ 战投 |
| 成熟期 | | 市场占有率 | | 权益治理 | 盈利效率 | | 利润规模 | | CD/Pre–IPO |
| 衰退期 | | 创新机会点 | | 决断力 | 能力圈现状 | | 资产重组 / 并购 / 转型 | | （CVC） |
| 稳定期 | | 战略梳理 | | 打破边界 | 里程碑质量 | | 市场地位 | | ABC |
| 转型期 | | 爆发力 | | 心力 | 业务 | 确定性前提 | 破局点 | | AB/（CVC） |

## 价值判断的考量因素排序

哈佛商学院的马克·欧斯纳布格和罗伯特·罗宾逊曾对 VC 项目投资选择标准做过大量分析，并对其投资价值判断的考量因素进行了重要性排序（见表 11-2）。

**表 11-2 投资价值判断考量因素及其重要性**

| 主要板块 | 投资价值判断的考量因素 | 重要性排序 |
| --- | --- | --- |
| 团队 | 创业者的可信赖程度 | 1 |
| | 创业者的行业经验 | 2 |
| | 创业者的事业激情 | 3 |
| | 创业者的历史业绩 | 8 |
| | 投资人与创业者面谈 / 交流时是否愉快 | 9 |
| 产品及市场 | 产品 / 服务的销售潜力 | 5 |
| | 市场增长潜力 | 6 |
| | 产品 / 服务品质 | 10 |
| | 产品 / 服务的整体竞争保护机制 | 11 |
| | 细分市场 | 13 |
| | 非正式竞争保护（技术、诀窍、方法等） | 14 |
| | 行业竞争情况 | 16 |
| | 正式的产品 / 服务竞争保护（专利） | 20 |
| 财务前景 | 可预计的财务回报 | 4 |
| | 期望回报率 | 7 |
| | 高利润率 | 15 |

续表

| 主要板块 | 投资价值判断的考量因素 | 重要性排序 |
|---|---|---|
| 公司财务状况 | 公司无融资情况下实现盈亏平衡的能力 | 19 |
| | 管理费用低 | 21 |
| | 市场测试费用低 | 22 |
| | 投资额 | 23 |
| | 资本性支出低（用于资产投资） | 24 |
| 投资相关 | 潜在的退出途径 | 12 |
| | 投资人对业务和行业的理解 | 17 |
| | 投资人对业务发展的参与度 | 18 |
| | 跟投的投资人 | 25 |
| | 投资人帮助企业的能力 | 26 |
| | 企业在本地 | 27 |

每一家项目公司都有其价值构成，读者朋友可以通过扫右侧二维码进入“利润塔”公众号，按照以下 3 个步骤，为自己的项目做一个简单的投资价值测评。

1. 基础测定

问卷中的 1～11 道题，是对项目公司的价值属性做一个基础归类。

2. 价值测评

根据各位对问卷 1 的回答，系统将自动生成问卷 2，主要划分为技术型与非技术型两条不同价值路线，相当于简洁版的初步尽职调查问卷，将项目公司的投资价值做一个初步的测定并给出反馈与建议。

3. 融资测评

针对项目公司的融资需求进行评测后，系统自动生成问卷 3。

经过以上 3 个步骤的测评后，若价值评定结果优秀，可推荐相关专业的投资机构进行简单的项目面谈，即可进入 Term Sheet 签约环节。

当然，所有的测评问卷都会给出相应的价值评价回馈。

# 第 12 章　资本价值获取的 5 点建议

与大部分人一样，创业者也会习惯性地高估自己，经常对项目公司的投资价值有不切实际的过高期望。于是，拍着脑袋要钱、喊估值，不懂游戏规则就上场，没有做好准备就出发，这些在投资人看来很搞笑的事情，现实中却经常上演。正确对待股权融资，是对投资人的一种尊重，也是在尊重自己。为避免各位成为搞笑人物，本书给中小企业的创业者提出以下 5 点建议。

1. 不要“在无知的情况下”上场

如果有人不懂得足球比赛的游戏规则或只凭借业余的技能，就上职业赛场踢球，还想参加世界杯，你会怎么看？

事实上，大部分的中小企业在向投资机构融资的时候，就是这种“在无知的情况下”上场的状态，以完全业余的认知在做专业的事情。若非项目公司“天生丽质”值得再看一眼，无非是一个照面就被打入冷宫的结局，想成为最终那 1% 的候选者，是几乎不可能的。没有准备好就出发，大都徒劳无功。

建议找个适合当前发展阶段的 DVC 向导带路，并助你登顶，不仅可以少走弯路，还可以提高融资的成功率。

2. 不要把公司估值当成真实资产

公司估值是股权投资与交易的基准前提，只是一种未来可能存在的资产，其价值依据来自投资机构对项目公司未来在资本市场上的商业想象空间的可能性判断。这是一个非常复杂的专业性问题，不同发展阶段以及不同行业的公司，在资本运作时所采取的估值方法会有不同的评估标准或计算公式，彼此之间有很大的差别，早期项目甚至只是双方之间达成一致的口头叫价。

不管怎样，如果无法进入下一轮融资，公司估值就是一个挂在墙上的数字或者是泡沫的代名词，它跟固定或流动资产不一样，不具备通行的可变现的硬通货特征。因此，在面对不同轮次的融资时，要理性地面对自己的估值设计，不要过分纠结估值问题，只要清楚地知道自己在当前阶段想要通过融资达成的战略目标即可，否则容易犯错或停滞不前。

建议创业者在融资过程中，在战略上要看重股权的投资价值，但在战术上要轻视它。要有把项目公司“当儿子养，当猪卖”的开放心态，首先要把眼光放在“如何把蛋糕持续做大”上，有计划地推进公司价值实现的步骤，不要因惜售而错过良机。

### 3. 不要说“不投资会后悔”之类的笑话

在机构投资者眼中，没有错过的项目，只有投错的项目。凡是因为错过的项目而患得患失的机构，很快都会奔向悬崖。所谓“后悔”的言论，不过是一句玩笑话而已，不会有什么人将其放在心上。

机构投资是一个职业化的投资行为，所有的项目投资最终都必须满足回报与风险的预期，这是以投资决策委员会的一票否决制来保证理性投资的原则，即使有意外，也不是随意投资的产物。

真正好的项目，不怕没有投资者。如果遇到机构选择不投资，就必定有其无法确定的风险问题，只是有的投资人会实话实说，但在更多的情况下，他们会换一种说辞。

### 4. 不要对资本畏之如虎

正所谓“好事不出门，坏事传千里”。创业者对于资本的畏惧大多来自媒体报道的负面新闻，诸如永乐电器、太子奶、俏江南与投资方对赌失败之类的案例等，绝大多数情况下，人们对未知或失败的恐惧要多于事实本身。但是，通常人们容易忽视摆在眼前的鲜活景象，那些已经在境内外上市的6000多家公司（2021年统计数据），都是资本运作成功的案例。

建议创业者要多学习如何利用资本力量加持公司的可持续发展，而不是因噎废食，盲目排斥资本运营。

5. 不要弄虚作假

以造假方式蒙混过关也许可以获利一时，但终究会成为公司未来发展的定时炸弹。在VC投资决策的过程中，企业经营的真实现状，包括创始人背景、经营收入、客户数据及其发展存在的问题等，是尽职调查必然的课目，一旦发现弄虚作假的情况，基本上就可以提前宣告流程的结束。

两年前，瑞幸咖啡的财务造假事件曾引发中美舆论的轩然大波。2020年4月，瑞幸咖啡公开承认虚假交易超过22亿元，一时股价暴跌80%，此后公司停牌并退市，付出了惨痛的代价。如果没有规模化管理的扎实基本面，瑞幸咖啡可能早就倒下了，也不会有董事会重组经营的机会。